男孩有个性，父母这样教最好

一起追寻个性飞扬的快乐

海阔 依然 / 著

海峡出版发行集团 | 鹭江出版社
THE STRAITS PUBLISHING & DISTRIBUTING GROUP LUJIANG PUBLISHING HOUSE
2014年 · 厦门

图书在版编目（CIP）数据

男孩有个性，父母这样教最好 / 海阔，依然著 .—厦门：鹭江出版社，2014.6
ISBN 978-7-5459-0727-8

Ⅰ. ①男…　Ⅱ. ①海…　②依…　Ⅲ. ①男性 - 家庭教育　Ⅳ. ① G78

中国版本图书馆 CIP 数据核字(2014)第 092134 号

男孩有个性，父母这样教最好
NANHAI YOUGEXING FUMU ZHEYANGJIAO ZUIHAO
海阔　依然　著

出版发行：海峡出版发行集团
　　　　　鹭 江 出 版 社
地　　址：厦门市湖明路 22 号　　**邮政编码**：361004
印　　刷：北京雁林吉兆印刷有限公司
地　　址：北京市密云县十里堡镇红光村 47 号　　**邮政编码**：101509
开　　本：787mm×1092mm　1/16
印　　张：13.75
字　　数：187 千
印　　次：2014 年 6 月第 1 版　　2014 年 6 月第 1 次印刷
书　　号：ISBN 978-7-5459-0727-8
定　　价：32.00 元

目录

CONTENTS

PART 3 大智大勇、亲和力差——洒脱型男孩

PART 4 才气过人、骄傲浮躁——才干型男孩

PART 5 善良仁爱、爱慕虚荣——仁爱型男孩

PART 6 坚韧顽强、倔强固执——坚韧型男孩

目录

序一

PREFACE

可雕琢成美玉的顽石

艾德是我的好朋友，他是美国人，在渣打银行北京分行做高管。艾德家有两个男孩：老大叫卡林，10岁；老二叫杰森，8岁。

在刚认识艾德的时候，大家见面一聊到自己的孩子，他就抑制不住自己激动的心情，总是赞叹不已。在他眼里，两个孩子都是绝世奇才：老大卡林是发明天才，老二杰森则是运动天才。

不久，我们去他家做客，见到了卡林和杰森，可这两个小家伙的表现却让我们大跌眼镜。

那天，我们到了艾德家后，老大卡林正在客厅里修理新做的航模，结果不知怎么没控制好，航模突然自己启动了，在客厅里横冲直撞，把客厅里好多东西都撞坏了，还撞到和我一起来的朋友钟伟身上。最终，卡林的航模也撞坏了。

艾德的妻子让卡林给钟伟道歉，可卡林一口咬定自己不是故意的，坚决不道歉。

让我们没想到的是，艾德不但不责罚孩子，还安慰孩子不要难过，要继续努力，造出更好的航模。

老二杰森的表现就更让我们难以接受了：小家伙贪玩，不爱学习，前一阵子在学校和同学打闹时摔伤了，在家休养了半个多月。可伤好后，他依然不愿意去上学，一个人躲在家里玩篮球，使得学校的老师不得不来家里做工作。

对此，艾德一点也不在意，他说自己只引导但不批评孩子，让孩子自己慢慢想通。

钟伟是个特别心直口快的人，他不客气地批评艾德说："你这两个孩子太有个性了，都是你娇惯的！"

艾德反驳说："有个性就是男孩子最大的优点呀！当然这些个性当中，一定会包含许多缺点。这不要紧，父母一方面要努力引导，另一方面还要努力理解和包容，最终顽石一定能变成美玉。"

见我们不说话，艾德又解释道："我到中国后，一直在研究你们的文化。我记得史书《礼记·学记》中有这样一段话，叫'玉不琢，不成器；人不学，不知道'。玉在没有雕琢之前，特别平常、不值钱，你们中国人把它叫作'顽石'。但顽石已具备了美玉的基本品质和灵性，你们的神话传说中，认为它们是用来补天的，叫'五彩灵石'或'补天顽石'。有个性的男孩就是顽石，只要父母雕琢有方，因材施教，他们都能成为最珍贵的美玉！"

那天，艾德的话对我触动很大。长期以来，在我们的亲子教育中，一直对有个性的男孩心存偏见，总觉得他们天生是淘孩子、问题孩子，而忽略了他们身上闪光点的挖掘和培养。这样，最终的教育结果是，孩子虽然变得听话乖顺了，可他们身上独有的个性魅力也被扼杀了，长大后，孩子会变成一个平庸的、没有个性与创造力的"老油条"。

这种教育的结果是十分可怕的，已越来越显现出它的弊端：孩子高分低能，大学毕业后，实战能力、沟通能力、人际协调能力都不佳，无法变成创造型人才，只会抄袭模仿……

通过阅读本书，希望更多的中国家长能重视这个问题，学会对个性男孩实施个性化的培养策略，把孩子身上的闪光点全部挖掘出来，让这些被称为“顽石”的个性男孩，都能成为“稀世珍宝”。

序二

PREFACE

如果你身边有这样一个男孩

如今的父母们压力越来越大，除了车子、房子，还要操心孩子的大事小情：择园、择校、小升初、中考和高考等。有一大堆麻烦事困扰着他们，使他们没有时间静下心来分析：我的孩子是哪种人格，如何一眼看透他的心，到底应该怎样做才能让他既成才又幸福。

因为摸不透孩子的人格，不能因材施教，许多父母在教育孩子时只能跟着感觉走，结果越来越糊涂，越来越迷惘。

于是，我下决心要与专业研究机构“圣龙天使”和《中国民办教育》杂志合作，对孩子的人格心理进行系统化的研究，开发出一套适合中国父母的教育心理学理论。

十三型人格——阅读不累，使用不难

经过近十年的修改与完善，终于有了这套十三型人格的儿童教育理论。在这套理论中，我们更注重的是它的适用性，淡化了对所引用理论的诠释。

为了做到这一点，我们在西方管理心理学理论的基础上，大量融入了这些年培训教学、一线调研的 91 个真实案例。通过剖析案例，演绎和推理出了一套简单易懂的方法和理论，既能解决普遍性问题，也兼顾了一些父母提出的个性化问题，是一种阅读不累、使用不难的通俗教育理论。

你的孩子是四大类十三小类中的哪种人格类型

为了让“气质类型学说”更适合东方人的思维，我融入了中国传统文化中人格分析的一些理念。如图 1 所示，胆汁质用激情型来诠释，多血质用才华型来诠释，黏液质用中庸型来诠释，抑郁质用内敛型来诠释。

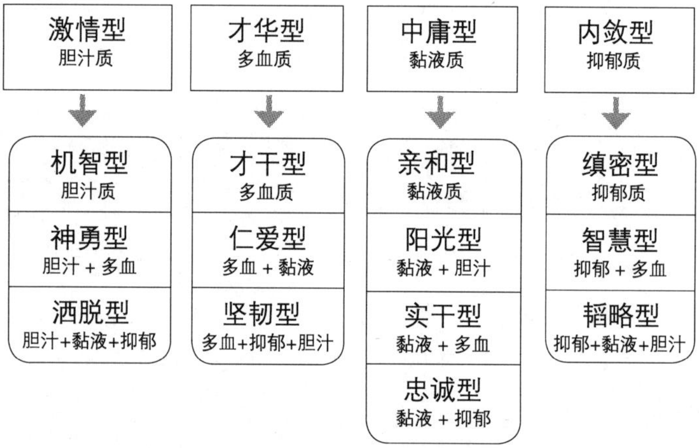

图 1　十三型人格与气质类型的关系

经过我的改编与加工后，气质类型学说的理论外延就更宽了。同时，这种东方式的分类和诠释方法十分感性，家长们可用思维导图的方式来记忆，一看便知是什么意思。比如，对四大类型人格进行名词解释时，无需用专业的心理学术语，只用以下的小故事就可以充分解释清楚。

一个十二岁男孩考试成绩不理想，母亲扣了他当月的零花钱。我们通过孩子的反应就可以大概看出他属于四大人格类型中的哪个类型。

如果这个男孩是激情型人格，他会这样对母亲说："凭什么不给呀，这次也不是我故意考砸的！"说得特别直来直去，不加任何修饰。

才华型人格的男孩会这样表达："老师都说了，失败是成功之母，好妈妈，下次我一定会用高分来证明自己的天赋和勤奋的。这次如果你不把钱给我，就是不给我下次拿高分的机会。"表达得很有个性，同时也十分含蓄巧妙。

中庸型人格的男孩大都比较乖，做人原则是不出格也不落后，所以其表达比较普通、常规。这种人格的男孩会这样说："噢，我知道了，那就扣吧。"

内敛型人格的男孩通常什么话都不说。他们表达情感时十分内向含蓄，所以他们从不会直说，而是要事先经过精心策划，旁敲侧击地取得自己想要的成果。比如，同爷爷奶奶说这件事，通过他们把零花钱要出来。总之，他们的表达原则是：候鸟飞过了天空，但天空并没有留下痕迹。

当然，如果想更简要地记住这四类孩子的特点，可以简化为以下要点：

1. 激情型人格

激情型人格男孩分为三个小类：机智型、神勇型和洒脱型。他们的神经类型以胆汁质为主，兴奋快，做事爱冲动，情绪控制力弱。他们善于和他人沟通交流，很容易点燃对方的情绪，让对方欢欣鼓舞，所以他们总被夸赞为"活力四射的孩子"。只是他们在学习和生活中过于马虎毛糙，爱出错，而且在遇到挫折打击时，容易出现偏激暴躁的负面情绪。

2. 才华型人格

才华型人格男孩分为三个小类：才干型、仁爱型和坚韧型。他们的神经类型以多血质为主，神经兴奋较快，做事不爱冲动，情绪控制力强。他们善于和他人沟通交流，做事很容易获得成功，所以总是容易被夸赞为"有才的孩子"。

只是他们在取得成绩时，容易骄傲自满，同时在遇到挫折打击时，耐力和耐心都显得不足。

3. 中庸型人格

中庸型人格男孩分为四个小类：亲和型、阳光型、实干型和忠诚型。他们的神经类型以黏液质为主，兴奋度较慢，做事不爱冲动，情绪控制力强。他们话不多，不太善于和他人沟通交流，但做事有耐心和毅力，所以总是容易把事情做得很圆满，而且因为性情温顺、人缘好，总会被夸赞为“乖孩子”。只是他们做事时过于小心，不敢创新挑战，很难有突破，而且在遇到挫折打击时，容易因自信心不足而过于依赖亲人和朋友。

4. 内敛型人格

内敛型人格男孩分为三个小类：缜密型、智慧型和韬略型。他们的神经类型以抑郁质为主，兴奋度慢，做事不冲动，情绪控制力弱。所以，他们很少说话，特别不善于和他人沟通交流。他们的优点是：做事善于思考，事前能制定好缜密的计划，实施时有条理有章法。因为爱思考，他们总是容易被夸赞为“小诸葛”。只是他们做事时过于多疑，在和别人发生冲突时容易暗中报复对方。

有的家长经常问我们：你们把十三型人格分成了四大类，为什么还细分出机智型、神勇型、洒脱型、才干型、仁爱型、坚韧型、亲和型、阳光型、实干型、忠诚型、缜密型、智慧型、韬略型，这十三种小类呢？主要原因就是：气质类型在进行类型测试时，主气质类型后面总是附带第二、第三气质类型，记起来十分不方便，也不好区分。

我们把这些复合型的气质类型独立出来（如图 1 所示），列为一种人格，并找出一个核心优势来做标注。这样，在应用的时候就更加便利了，不但好记，而且好懂。

那么，这十三种人格类型都有什么特点呢？我们看一下图 2，十三型人格中每种都有一个显著的优点，也有一个明显的弱点。作为一个合格的家长，我们要明白这样一个道理：世上没有两片完全相同的叶子，每个孩子都有自己最闪亮的一面——每个孩子其实原本都很优秀、都是天使。

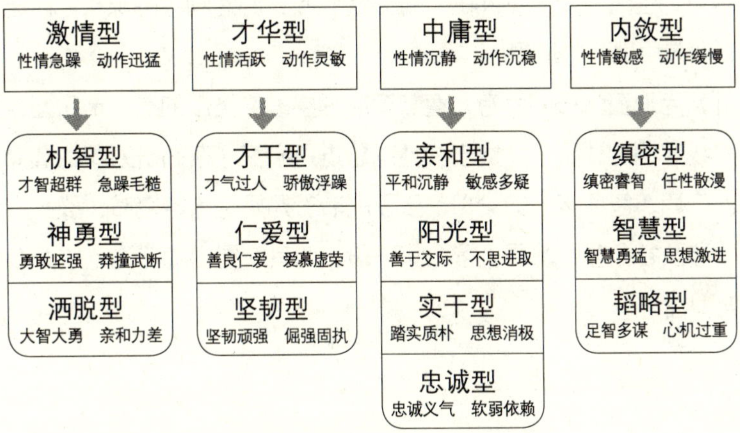

图 2　十三型人格的分类方法

作为优秀的家长，我们要做的工作就是：把主要精力集中到发扬孩子的优点上，帮他们把最好的一面发挥到极致，尽力回避缺点，同时把缺点的副作用控制到最小。

把传统文化打碎后和西方心理学融在一起

在十三型人格理论中，我们运用了大量的西方心理学家的经典理论，除了希波克拉底外，还有荣格、弗洛伊德、罗杰斯以及巴普洛夫等。

为了让十三型人格理论更适合中国国情，以及当代中国父母的特殊需求，我们在十三型人格理论中，将西方心理学与中国传统文化精髓完美地结合起来。比如，在运用荣格的心理分析理论时，我们加入了许多与教育心理相关的古文典籍、民间传说、成语典故等，不是将其直接搬入书中，而是将其打碎，融在个性化的案例中，不露痕迹地表达出来。例如，对墨子“兼爱”“非攻”教育思想的解读，完全融在一个大学生的童年回忆当中，让家长轻松地领会其深刻含意。

其次，我们吸收了弗洛伊德的心理分析理论，对孩子的成长环境进行了深入的挖掘和研究。成长环境对孩子的影响是极其巨大的，如果留下心理阴影，对他的学习与生活是十分不利的。如果找到孩子心理问题的源头，再进行针对性的疏导，效果就十分理想。

此外，与现在许多的西方儿童教育心理学理论类似的是，十三型人格特别关注对一线实例的调研，并找出共性问题进行研究。在调研对象的选择上，十分全面、广泛，包括孩子的父母、孩子的爷爷奶奶与姥姥姥爷、孩子本人、大学生等，涉及社会多个阶层、多个年龄段，使其所得出的结论不但有高度，而且极具典型性。

PART 1

才智超群、急躁毛糙——机智型男孩

机智型人格是激情型人格中的一个分类型，这类孩子特别有激情，做事时机灵敏锐、能说会道，只是有时过于急躁毛糙，脾气也特别暴躁。对他们的教育核心点，就是让孩子做事时要学会克制，不能一味地感情用事，要明白：沉住气才能笑到最后。

小测试：你的孩子是机智型男孩吗？

完成下面的小测试，观察你的孩子在生活、学习和与人交往时是否经常存在以下行为表现，是的请在前面的□里打√。

□1　模仿能力强，但情绪稳定性差，做事爱冲动。

□2　相信自己有用不完的力量和潜能，觉得靠自己的力量可以战胜一切困难和世俗偏见。

□3　在学习和生活中，敢挑战权威，觉得他们没什么大不了的。

□4　直爽大方，很有亲和力。

□5　在学校和生活中总是直接表现自己的才智，不懂隐藏，很容易得罪人。

□6　不爱正式、暗淡、保守的衣服，爱穿色彩明快、时尚、个性化甚至另类的衣服。

□7　很喜欢说："我一定能做到！"

□8　说话时面部表情、肢体语言特别夸张丰富。

□9　别人都说他太自负了，可实际上有时他很自卑。

□10　注意力不容易长时间集中，希望学习时间比较有弹性。

如果"√"达到5个或以上，则说明你的孩子有急躁毛糙的性格因素。如果"√"没有达到5个，那么你可以跳过这一章。如果有些答案是肯定的，那么本章就值得你继续读下去，并尝试其中的建议与方法。

你的孩子急躁毛糙吗

在生活和学习的过程中，因为过于激情澎湃，而且不怕冒险，机智型男孩很容易因为情绪过于激动而引起许多祸端。此时，如果找不到合适的教育方法，孩子会如脱缰的野马一样，软硬不吃，丝毫听不进大人的话。所以，家长、老师们对机智型男孩大都感到很头疼。

机智型男孩生活中的小问题：

●调皮捣蛋，故意破坏家里的东西

●做事耐力不足，虎头蛇尾

●做事容易冲动

机智型男孩学习中的小问题：

●爱和老师发生冲突

●注意力不集中，爱走神

●只求速度，不求质量，粗心大意

1. 总因“猴急”而受伤

情绪稳定性差，是机智型人格男孩的通病。在生活和学习上，无论是对人还是对事，他们大都缺少耐心，因过于“猴急”，他们常常错失良机，与成功擦肩而过。

虽然事后他们也十分后悔，但此时，许多事情都已变得无法弥补了。

嘉华小升初那年，特别希望自己能考进清华附中。对此，我还是比较有信心的。嘉华虽然淘气，可学习成绩还不错。只是有一点让我十分担心：嘉华的成绩不稳定，忽上忽下的。考试时，如果心态比较好，情绪又很稳定，成绩自然就会好些。如果他控制不好心态和情绪，就容易毛毛糙糙的，出一些不该出的错，成绩急转直下。

考试那天，才过了不到40分钟，嘉华就跑了出来。他兴冲冲地对我说：“妈，这里出的题真是太简单了，我都会做，百分之一千能进清华附中。别的同学都太笨了，做得那么慢，我不到半小时就做完了，是第一个交卷的！”

可这件事最终的结果却不像嘉华预想得那么乐观，他因为马虎影响了成绩，没能考上清华附中。

——11岁男孩嘉华的母亲

从这个例子中我们可以看出，因为“猴急”的毛病，机智型人格男孩在生活和学习上总是容易遇到“意外”的波折——他们虽聪明灵秀，但在许多时候缺少缜密的思考能力和理性的坚持力，这是影响他们成功的重要因素。

2. 把坏毛病当成优点去坚持

机智型人格男孩特别崇尚那些见识与能力超常的人，会刻意模仿他们。但是因为缺乏辨识能力，常常会将这些榜样的缺点甚至弊端也当成优点来学习，如过于另类、叛逆、不包容等。出现这种情况后，如果家长引导不好，就极有可能出现大问题——孩子因为过于强调和坚持自己的“个性”，无法包容接纳周围的人，导致冲突不断。

一个男孩如果在童年时期没有养成平静包容的心态，长大后，遇到矛盾和冲突时，就很容易习惯用暴力去解决，为自己和家人增添无数麻烦和意外。

宇鹏10岁那年，班里来了一个叫岩磊的男孩。因为又乖、学习又好，岩磊很快成了老师的“红人”，当上了学校的大队委。

宇鹏对岩磊却很是不“感冒”，嫌他总爱向老师打小报告，而且，人也太蔫又不合群，和班里的男孩融不到一块。后来，情况发展得越来越坏，宇鹏竟然经常欺负岩磊。

有一天，为了此事，岩磊的妈妈找到我们单位，当着同事的面，数落了我大半天，让我特别下不来台。

回到家后，我非常生气，狠狠地打了宇鹏一顿。

之后，宇鹏依然欺负岩磊和其他孩子，人家家长一找上门来，我就痛打他一次。这样，周而复始，让我十分泄气。最后，索性不去管他了。

转眼，十几年过去了，宇鹏长大了，虽然工作和生活都不错，但性格特别古怪，总爱和周围的人闹矛盾。我知道，自己在宇鹏的教育上有许多失误之处。

每次想到十几年前那个傍晚发生的事，我的心里就特别后悔。那一天，如果我能不打宇鹏该多好。我应当像所有理智而聪明的母亲那样，把人生的复杂性讲给他听，并告诉他："你喜欢阳光普照的春天，可有的人就喜欢阴雨绵绵的秋夜。这世上，每个人有每个人的活法，不能强求一致。我们可以不喜欢岩磊，但要学会包容他的弱点，不做朋友，也不能成为仇敌。"

——宇鹏的母亲

在这个案例中，宇鹏长大后之所以经常和周围的人发生冲突，与母亲的引导失误是有很大关系的。在童年时代，机智型人格男孩大都有和宇鹏相似的心路历程：总以张扬或维护自己的"个性"为名，去打击甚至打压其他与自己个性不一样的同学。可等有一天他们成熟后，就会发现，他们所自恋的那些"个性"不过是肥皂泡而已，终会被残酷的现实捅破，他们发现：自己所坚持的，并非是什么有意义的个性，多数都是小毛病，甚至是偏见与弱点。

可此时，坏习惯已经养成，很难改掉，他们会为此付出极大的代价，他们内心会有一种极深的挫败感——从天堂跌落凡间甚至是地狱。

"机智型"男孩的才智超群

机智型男孩的优点十分突出：他们在生活中始终表现得特别勇敢坚强，

才智超群，爱在同学中扮演“江湖好汉”的角色。因此，他们很容易获得大家的尊重与好感。

1. 惊人的影响力与沟通力

因为有着容易兴奋的神经类型，所以在与周围的同龄人相处时，机智型男孩总是特别善于调节气氛。他们乐观开朗，心中似乎有着无尽的激情，可以在短时间内迅速感染他人，唤起他人的好感。

如果家长、老师能科学地开发和引导，机智型男孩在人际沟通协调上都会有惊人的表现，前途不可限量。

天天6岁那年，进了在北京特别知名的中关村三小上学。这个学校里，有好多名人家的孩子，他们班里尤其多——全班30个孩子中只有天天和另外3个小朋友是普通人家的孩子。刚一进校门，这些孩子就有好多粉丝在后面追着，学校的老师对他们也是格外照顾。

可没过多久，天天就超越了这些“名门之后”，成了班里最受小伙伴喜欢的孩子，不久还被选为班长。班主任何老师对我说：“难怪所有孩子都喜欢他，这孩子特别会沟通，说话有激情还特幽默，他到了哪儿，哪儿就有笑声。”

当然，班里也有几个名人家的孩子很矫情，对天天很不服气，他们团结起来一起对付天天。可天天特别聪明，从不和他们对抗，而是化整为零，逐个击破。

结果，没过多长时间，另几个名人家的孩子也“缴械投降”，天天成了班里真正的“万人迷”。

——9岁男孩天天的母亲

从这个案例中我们可以看出，机智型男孩的良好沟通力是原生态的，没有任何“装”的成分。也正因如此，他们在与人相处时，显得特别生动自然，惹人喜爱。

2. 个性鲜明有魅力

在内心深处，机智型男孩总是有着这样的想法：人生最大的悲哀，就是一切都和别人相同，体现不出自己独有的个性和价值。

也正因如此，在生活和学习中，机智型男孩会用很多的精力向别人证明自己的实力，以及“超凡脱俗”之处。在很多时候，为了展示出自己的与众不同，他们大都比较大胆出格，不顾传统道德、舆论及社会大气候的影响。

还有一些男孩，他们不认同传统的价值观，有时甚至是逆着社会的潮流而行。他们认为，一件事情如果对发展自己的个性有益处，就要不顾一切地去追求。

所以，机智型男孩大都给人偏执的感觉。这种性格有弱势，但能坚守自己独特的生活体验，如果家长能正确引导，这一点会对他们今后的工作和生活特别有益，使他们卓尔不群，魅力十足。

阳阳 8 岁那年，我和爱人终于攒够了首付款，在市里买了套房。阳阳妈四处求人，很快为阳阳联系到了一所重点小学。这样一来，我们一家人终于可以离开北京昌平郊区的平房，结束“乡野”生活，做真正的城市人了。

可无论我和他妈妈怎么劝，阳阳都铁了心不想进城，原因就一个——舍不得班里的好伙伴。听了阳阳的理由，阳阳妈特别生气，想不顾孩子的感受，强行把他拉到城里去。

阳阳一气之下，离家出走了，我们发动了所有亲戚朋友，后来警察也出面了，才好不容易在天津火车站找到了阳阳。

阳阳被找回来后，我想了一夜，决定尊重阳阳的选择。我对妻子说：“阳阳这个理由，看似没什么道理，但是细想想就会发现，这其实是件大事，极有可能给他的一生带来不好的影响。”

妻子不满地说：“尽瞎扯，你就是爱惯孩子。”

我说：“孩子从小在这里长大，已经形成了固定的人际圈。他是个特别重情重义的孩子，离开这里后，对他的人际交往会造成很坏的影响。还有，他不但是班长，还是这里的‘孩子头’，在这里上学日子特别顺心，学习上又很牛，到了新环境后，很难再获得这样的成就感。这对他的伤害一定会很大的。”

妻子说：“城里的学校教学质量可要比这好上很多。”

我说：“这些东西是可以弥补的，比如找家教，上学习班。对于阳阳这种超级外向敏感的孩子来说，社会环境教育对他心灵的影响，会远远超过学校教育。”

如今，阳阳才28岁就成了一个全国知名公司的营销副总，我觉得这和他小时候在昌平铺下的人脉关系有很大的影响。从小形成的友谊，深厚无比，这些不但成为他事业上的丰厚资源，在生活中也让他受益匪浅，时刻有着一种“我的地盘我做主”的自信和从容。

——阳阳的父亲

在生活和学习中，机智型男孩有着一种极强的叛逆心态，其他孩子觉得很平常的一件事，对他们来说很可能就成了地动山摇的大事。原因在于他们能更加关注一件事情的情感因素，而不去想那些世俗功利的东西。

如果我们像案例中的阳阳父亲那样，换一个角度来看这个问题，就会发现，孩子这种心态是利大于弊的：因为重情重义，所以在人际交往上，他们总是如鱼得水，从而过上与众不同的快乐生活。

培养方法：沉住气，才能笑到最后

机智型人格男孩大都自我克制能力较差，所以，在他们遇到波折时，家长要给予他们细致入微的支持和帮助，化解其不良情绪，以免他们因意志消沉而做出不理性的选择。

但这种关心爱护一定要在暗中进行，因为机智型人格男孩大都十分要面子，“过火”的帮助，反而会挫伤他们的自尊心，他们是不会真心接受的。

1. 教育口诀一：给他们“瞎折腾”的机会

在美国动画片《虫虫危机》中，小蚂蚁菲利是个典型的机智型男孩，他用自己的勇敢和机智改变了整个蚁族的命运，打败了蝗虫，过上了“自己收集食物自己吃”的美好生活。他的成功，对于机智型人格男孩的家长来说，是有很多启示的。

像所有的机智型男孩一样，菲利总是无法习惯现有的生活，他在想一个很简单却又很深刻的道理：蚂蚁收集食物、蝗虫享用食物，这真的是自然规律吗？为什么蚂蚁自己收集的食物，却不能自己拥有呢？

有了这个叛逆的想法，菲利不再像身边其他的小蚂蚁那样乖巧，他发明了“收割机”，还将“进贡”给蝗虫的粮食碰到了悬崖下。结果，菲利给蚂蚁王国带来了灾难：公主的妹妹小不点险遭毒手；蝗虫索要双倍的粮食，并且扬言，如果蚂蚁王国做不到，蝗虫将血洗蚂蚁王国。

在所有蚂蚁都决定驱逐菲利时，蚂蚁王后却给了他一个机会，让他去找比蝗虫更大的虫子来赶走蝗虫。

结果，菲利抓住了这个机会，最终铲除了蝗虫家族，为蚁族立下了显赫的功劳，将功补过。

试想，如果蚂蚁王后不给菲利这个机会，他的人生将会是另一种状况：他会觉得自己是“罪人”、是总想挑战传统道德伦理的“疯子”，他火一样的激情不但会“烧毁”自己，也会“烧伤”别人。

但在实际生活中，在面对家长和周围人的不信任时，大多数机智型人格男孩等不来这些意外的机会，最终只能以悲剧收场。

家长虽然要学会放手，给机智型人格男孩折腾的机会，但也不能对他们“大撒把”，甚至放任自流。这样，他们不但不能发挥出自己的潜能，其性格弱点还会被越来越放大。通过这些努力，孩子在做事时就能慢慢磨砺理性、大度的做事态度。

那一年，我和爸爸去体育馆玩篮球。到了体育馆后，我一不小心把手中的篮球掉到了地上，这时一辆宝马车飞驰而过，把我的球压碎了。

没想到开车的叔叔非常不讲理，压碎了球，不但不道歉，还摇下车窗骂我和爸爸不长眼，干扰了他开车。骂完后，他扬长而去。我气极了，追着他的车边跑边骂，让他还我篮球。

不久之后，我和爸爸再次去体育馆玩时，又看到了那个叔叔。我当时就想过去跟他理论。爸爸拉着我说：“算了，这种事，咱们也有责任，是说不清楚的。爸爸不是给你买了新篮球嘛，你何必再和他吵架呢？”

我说：“那不一样，我那个篮球是巴特尔签过名的，哪是一般的篮球能替代的？”

爸爸说：“可对方哪里会相信你的球上有名人签名呢？他会认为那是一个普通的球，而且并非你不小心掉在路上的，而是你不守规矩，在路上玩球。”

我听了觉得特别委屈，眼泪一下子流了下来。

爸爸安慰我说：“山山是男子汉，在任何时候都要学会讲道理，不能感情用事。否则，不但解决不了问题，还会惹出无数麻烦来。”

听了爸爸的话，我忍住泪水，深深地点了点头。

爸爸就是用这种做事的小细节，潜移默化地教育着我，让我受益匪浅。这些东西，是世界上任何大学里都学不到的。

——北京××公司销售总监张山

从这个案例中我们可以看出，在生活和学习中，机智型男孩是十分感性的，许多时候，他们只求发泄自己的情绪，丝毫不考虑带来的后果，以及他人的感受。

此时，家长要积极引导他们：在做事时，不能一味地随心所欲，要能站在对方的角度思考问题，拥有同理心。同时要学会理性地、缜密地分析，想想事情的前因后果。开始时，可以是家长为孩子做分析，慢慢的，家长就要引导孩子自己做分析，然后让他们自己做出合理的判断。

2. 教育口诀二："散养"比管制更有用

对于机智型男孩的特点，许多父母并没有从正面、积极的角度去看待。有些人甚至觉得他们太淘气、不听话、招人烦，并且强行让他们压抑自己的激情，变成"乖孩子"。这种做法对他们造成的负面影响是十分大的：他们容易因此而变得不自信，甚至在潜意识当中进行自我贬低，觉得自己"天生就是个残次品"、是个坏孩子。

潇潇 11 岁那年，我带他到青岛去参加我们大学同学的聚会。我们大学宿舍的 8 个姐妹中，有 6 个都带了自己的孩子。虽然平时来往得不多，可这 6 个孩子见了面却并不陌生，很快就打得火热了。

潇潇在所有孩子中年龄最大，加之他又学了好几年跆拳道，几个孩子把他看成大侠，特别崇拜他。潇潇十分得意，变着花样地带着几个孩子疯闹。结果，第一天，潇潇就把小贝的鼻子撞出了血；第二天，在玩耍时，他又把婷婷的阿玛尼上衣扯出一个大口子。

当时，我觉得潇潇这么不懂事，太给我丢面子了。见我生气了，想"批斗"潇潇，同学汪芳劝我说："你太古板了，总觉得现在的孩子应该像咱们小时候那样，呆呆傻傻的才是好孩子。其实潇潇这种激情飞扬的个性挺好的，你看，其他孩子都喜欢他。男孩子，玩耍的时候有点小意外也是很正常的事，你根本不必太在意。"

听了汪芳的话后，我没有再斥责潇潇，而是让他尽情地疯玩疯闹去了。回家后，潇潇在作文里写道："感谢妈妈，让我度过了一个无拘无束的夏天，在美丽的青岛，我觉得我变成了一只小海鸥，自由飞翔。我爱青岛，我爱朋友……"

——13岁男孩潇潇的母亲

从上面这个例子中我们可以看出，在对机智型男孩进行教育时，家长一定不能太拘小节，要抱着"散养"的态度，尽量保留孩子身上那些激情与豪迈的天性。长大后，这些将成为他们人格魅力中的重要组成部分。如果强行改造，往往容易适得其反，甚至发生悲剧。

在《西游记》中，孙悟空就是个典型的机智型男孩，他的第一位师傅早就看出了他的弱点：暴躁、爱炫耀、过于争强好胜，甚至有可能变得暴戾、歇斯底里。但他知道，这是孙悟空天生的弱点，是他的道场解决不了的问题，所以，他狠下心，将孙悟空逐出师门，让他在社会大学中修炼自己。

经过五百年的囚徒生涯，以及取经路上的九九八十一难，孙悟空才慢慢改变自己急躁、毛糙、暴戾的坏性情，有了一个平静的、刚柔相济的良好心态，从而修炼成"斗战圣佛"。

由孙悟空的修炼历程我们可以看出，其实，在中国人的心中，如果能修正自己的弱点，机智型男孩还是人们特别喜爱的一种类型，因为他们能拥有名士风范——个性洒脱豪迈、激情洋溢，比如魏晋时期的竹林七贤。

所以，家长和老师要给这类男孩更多的自我成长与修炼的空间，让他们多接受社会风雨的磨砺。这样，他们长大后，才能成为真正的名士。

3. 教育口诀三：坚持一个良好的爱好

在对机智型人格男孩进行教育时，家长一定要明白这样一个道理：通过业余爱好来修炼心境，并不仅仅指脾气好、说话温和，最重要的是能让孩子从内心深处爱上自己所要做的事，爱上一起合作的伙伴。这样他们才能全情投入，乐在其中，让急躁毛糙的性情得到真正的改观。

在上小学二年级的时候，我忽然迷恋上了电脑游戏。当时，父亲在外地工作，母亲因为忙于工作也一直没时间管我。开始我还能控制住自己，后来玩上了瘾，在周六、周日时，我就特别不想去少年宫学国画。

为此，我吵闹了好长时间，最终，母亲妥协了。结果，那段时间，我的学习成绩一落千丈，后来我甚至为偷着玩游戏而经常旷课。班主任找我母亲谈了多次，说再这样下去就得开除我了。

于是，父亲放弃了在外地条件优厚的工作，回到市里，找了个条件很一般的差事。

父亲到家后，首先从我的国画课抓起。他说："能坚持一个良好的爱好，会让你受用一辈子。像国画这种爱好，最初的时候，当然无法像电脑游戏那样有意思，但如果能坚持下来，你就会慢慢爱上它，还能从中悟出为人行事的道理，帮你调整过于急躁的性情。到那时，你自然就不会迷恋电脑游戏了。"

在父亲的帮助下，我又开始利用周六和周日的时间去学习国画。不久，我便在学校举行的绘画比赛中获了奖。受到这个鼓励后，我对绘画的兴趣顿时升温。在此后的一年中，我竟然一点点地完全放弃了电脑游戏，全身心地投入到绘画的学习当中了。

——中央美院 2009 届学生张 ××

从这个案例中我们可以看出，因机智型男孩有着一颗异常勇敢且不甘落后的心，所以在生活和学习上遇到的一些小打击并不是什么坏事情。如果家长引导有方，这些打击反会变成他们成长过程中的催化剂——他们会因此而对人生有更多的反思，会更勇敢地面对自己的缺点和不足，完成一次大的蜕变。

需要注意的是，这种转变是无法靠说教完成的。因为家长和老师要改变的是孩子做事的思维方式和生活习惯，这些都要靠一些良好的爱好才能完成，比如书法、绘画、围棋等。只有长期坚持下来，他们才会迎来一次化蛹为蝶的惊人蜕变。

实战演练

机智型男孩在生活和学习中有很多特殊的表现，家长教育时偶尔会陷入误区。下面举几个小例子，说明我们提倡的应对方法。你不妨试一试，看看结果与以往有什么不同。

1．调皮捣蛋，故意破坏家里的东西

制止他们的调皮捣蛋并引导他们玩其他较为安全的游戏。但此时不要责骂孩子，如果你心中气愤，描述出自己的感受即可。

比如，6 岁的孩子把他的遥控汽车拆了，因为没有耐心装起来，就用锤子砸。此时，家长可以这样和他沟通：

家长：宝贝，你这样做，车子就没法再玩了。

孩子：我是在修车，让它跑得更快些，打不开车门我才砸的。

家长：你的想法是好的，妈妈也支持你。从小就努力动手练习，长大了一定能成为工程师。可是你想想，如果把车子砸坏了，不但修不快，连跑都没法跑了。玩具修理要找到好方法，不讲方法就是搞破坏。

孩子：那就再买一个跑得更快的。

家长：你这种想法让妈妈很生气，爸爸妈妈挣钱那么辛苦，家里所有的东西都要爱惜。如果你弄坏了，妈妈是绝不可能再给你买新汽车的。如果你不愿意玩了，可以捐给贫困地区的小朋友。

孩子：那等爸爸回来，我让爸爸帮我修吧。

……

2. 做事耐力不足，虎头蛇尾

鼓励孩子，同时要为孩子制定实现目标的详细计划，并督促孩子按计划一点点实现目标。比如：

家长：明明，该起床锻炼了。

孩子：我困，腿疼，不想练了。

家长：你看，这个台历上不是写了吗？今天练跑的距离只有 1000 米，一会儿就跑完了，一点都不累的。

孩子：累，我腿疼。

家长：这个运动量不是咱们一起制定的吗？第一周 1000 米，第二周 1500 米，第三周 2000 米，当初是你说可以的，男子汉，说话可要算话哟！

孩子：……

家长：你不是要成为学校的万米冠军吗？这个暑假如果能坚持下来，你肯定能实现的！

孩子：好吧！

……

3. 做事容易冲动

采取引导、疏导的方式，帮他们转移目标和情绪，而不是强行改变。在涉及孩子的事情时，要做孩子的好参谋，多用以下口吻和孩子商量事情：

“你怎么看这件事？”

“让我们想想还有其他解决办法吗？”

4. 爱和老师发生冲突

问清原因。在提问时一定要就事论事，不要牵扯过多无关的事情，让孩子更愤怒和逆反。如果老师有责任，要与老师协调解决；如果是孩子自身的原因，要努力做心理疏导工作。

5. 学习注意力不集中，爱走神

温柔地提醒，但不可指责孩子。同时，因为爱走神，对学过的知识，孩子大都不熟练，所以家长要督促孩子，对做过的练习题要反复训练，增强熟练度。

6. 学习时，只求速度，不求质量，粗心大意

要经常通过生活中发生的一些小例子告诫他们：不必事事都争第一，有些事，质量比速度更重要。同时，要对孩子做一些心态方面的练习，比如练习书法、听音乐等，让他们学会最大限度地克制心中负面的冲动或烦躁情绪。

PART 2

勇敢坚强、莽撞武断——神勇型男孩

神勇型人格是激情型人格中的一个分类型，这类孩子很有激情，做事时勇敢坚强、果断利落，只是有时过于莽撞武断，爱逞一时之勇。对他们的教育核心点，就是让孩子做事时能多听一下他人的建议，要明白：不莽撞，才是真正的勇敢。

小测试：你的孩子是神勇型男孩吗？

完成下面的小测试，观察你的孩子在生活、学习和与人交往时是否经常存在以下行为表现，是的请在前面的□里打√。

□ 1　经常控制不好自己的情绪，爱发脾气，爱意气用事。

□ 2　做事时，十分相信自己的实力，不愿事先谋划。

□ 3　说话直来直去，不懂得委婉表达。

□ 4　在学校里中总是很有威信、很受尊敬。

□ 5　从不懂隐藏实力，容易为一时之快而把事情做得很过火。

□ 6　喜欢颜色自然、大方、随意的服装，希望体现一种力量感和向上精神。

□ 7　总爱说："为什么不可以！"

□ 8　生气时总是怒不择言，甚至出口伤人。

□ 9　很反感父母在学习上管得太严格，整天在一旁指手划脚。

□ 10　和亲朋的关系一直无法很深入，虽然朋友也不少，但有时候感觉孤独。

如果"√"达到5个或以上，则说明你的孩子有莽撞武断的性格因素。如果"√"没有达到5个，那么你可以跳过这一章。如果有些答案是肯定的，那么本章就值得你继续读下去，并尝试其中的建议与方法。

你的孩子莽撞武断吗

在东方文化中，比较推崇男人的以下品质：勇猛刚强、讲信义、重承诺。而这些，都是神勇型人格男孩所具备的。所以，在生活中，神勇型人格的人所受到的赞扬和鼓励还是较多的。正因如此，神勇型人格男孩要比其他人格的男孩更注重维护自己的“男子汉”形象，时刻保持阳光、大气、积极的美好形象。在他们身上，总是散发着一种向上的精神和力量，让家长十分自豪和欣慰。

但如果家长和老师引导不好，这种人格会向着另一个方向发展：他们一味地发展自己阳刚勇猛的一面，忽视了对细腻情感的体验，在与他人交往时，无法把关系深入下去；同时在学习上，他们变得固执、骄傲，经常出现“小河沟翻船”的现象。

神勇型男孩生活中的小问题：

●不体贴父母及亲人

●脾气暴躁

●缺乏必要的自我保护心态

神勇型男孩学习中的小问题：

●在人际交往中缺乏必备的常规礼节，爱与同学动粗

●过于关心成绩，如果成绩下降或长时间提升不上去，会因心理压力过大而变得暴躁

●在学习上粗心大意

1. 不惜代价逞英雄

在现实生活中，对于英雄或是偶像的光辉事迹，无论媒体还是口碑传播，多多少少会有失真或夸大之处。可对于这些，神勇型人格男孩大都不是很清

楚，他们一味地沉浸其中，一切向偶像学习。这种做法，使他们在做事时缺乏变通，十分莽撞，甚至表现得非常不近人情。

如果家长引导不好，他们极有可能变成粗鲁固执的小霸王，长大后，极容易变成横冲直撞的、爱伤害他人的“莽撞人”。

有一年，我和同事刘敏在工作中闹了矛盾，我们俩吵得天翻地覆的，弄得整个工商局大院的人都知道了。当天晚上，我气得一个人在家里偷偷地哭。儿子沈辉到家后，我就和他唠叨了白天发生的事。

沈辉安慰我说：“爸爸不在，我会保护你的！”

沈辉这样一说，我吓了一跳，赶紧说：“这是大人的事，和你无关，你可千万别给我闯祸！”

沈辉却并没有听我的话，第二天就和刘敏的儿子齐军打了起来，最后把齐军打得胳膊都骨折了。为此，刘敏又和我大闹了一场，害得我不但赔了一大笔钱，还被领导在会上批评了好多次。从此，我和刘敏之间的矛盾更深了。

——×× 少管所男孩沈辉的母亲

在这个案例中，我们可以明显地看出神勇型人格男孩身上的弱点。

因为不爱对一些事件进行深入思考，神勇型人格男孩在做事时，无法冷静客观地分析所发生的事情，习惯用很暴烈的方式表达内心的想法。但对此，他们自己并没有感觉到，反而会把自己的鲁莽当成英勇。他们很难理解这样一句真理：解决问题需要的是冷静的头脑，而不是冲动的拳头。

2. 处事缺乏艺术，伤人伤己

神勇型人格男孩很不擅长传达细腻的情感，他们觉得这是些“婆婆妈妈”的东西，影响自己男子汉的形象。他们所理解的情感，多数是简单的伦理道德关系，诸如书本或电视网络上的大道理。不深入，更不是独特的人生体验。

正因如此，许多神勇型人格男孩很难形成深入细致的情感个性，容易和周围的人产生冲突。将来，在他们走向社会时，会因缺乏处事艺术而伤人伤己。

我 8 岁那年，妈妈和爸爸离婚了。在离婚前的那段时间，爸爸妈妈闹得不可开交，有好几次，两人还动了手。当时，我也没有细想他们分手的原因，总觉得爸爸是男人，不能打女人，所以每当我发现爸爸打妈妈的时候，我总是上去帮着妈妈打爸爸。

他们离婚后，我也总按妈妈的交代去爸爸的新家要钱，如果他们不给，我就去“讨债”：要么打人，要么砸东西，每次都能顺利地完成任务。也就是从那时起，我养成了许多坏毛病。比如：遇事不思考，不会和他人进行深度的思想或情感交流，有了矛盾，总是爱用吵架或打架的方式来解决。

——北京 ×× 公司员工徐飞

如果用瑞士心理学家荣格的理论来分析案例中的徐飞，就可以断定，他是严重缺少“阿尼玛”的男性，所以才显得缺乏人情味，让人难以接近。

荣格的“阿尼玛”学说认为：男人心中都有女人形象，男人心灵中也有女性的成分。“阿尼玛”对男性的人格有很好的补偿作用，如果男性人格的“阿尼玛”发展得比较好，他就会兼有一些女性的优点，比如：第六感发达，容易接受非理性的东西，对事情有强烈的预感性，对美好的人或物长久喜爱依恋等——这些，是一个男性成熟的必备要素。

在十三型人格的所有人格类型当中，神勇型人格是最缺少“阿尼玛”心理的人格类型。如果父母不对这样的孩子进行强化训练，这些孩子就容易出现许多心理问题，即使他们在事业上很成功，他们对人生幸福的体验度也会变得很低。

“神勇型”男孩的勇敢坚强

对于神勇型人格男孩来说，勇敢不只表现在面对困难或与对手竞争的过程中，在面对情感的打击时，他们也能咬紧牙关，闯过一道道常人难以忍受的关卡。

1. 人生字典里没有“怕”字

在遇到困难和磨难时，神勇型人格男孩不在乎痛苦甚至巨大的付出，在乎的是不能给家长、朋友留下懦夫或孬种的坏名声，让人家瞧不起。正因如此，他们在做事时，有着强大的内心动力，所以他们无所畏惧，完美地做好一件件普通孩子很难做到的事情。

春辉10岁那年寒假时，我和妻子把他送到了爷爷和奶奶家。我父母住在一个小镇里，周围全是茂密的森林。有一次，春辉和奶奶的邻居一起去山上采蘑菇，半路上，他离开大家去追一只小野兔，结果走散了。

开始时，春辉还能听到大家的呼叫声，可他走错了方向，结果越跑离大家越远。很快，天黑了，春辉没有哭，他稳定住了情绪，按我给他说过的自我保护方法，理智地应对眼前的难题：他先是采了很多的野果，吃完后，爬到树上等着家人来找他。

晚上，春辉在树上坐得特别累，可为了安全，他不仅一直强迫自己待在树上，还强迫自己不睡觉，不停地背诵古诗。快到半夜的时候，春辉终于被我们找到了。

春辉回家后，一滴眼泪也没流，吃完饭，很快就睡着了。第二天，他早早起来，跑到镇小学去打篮球，好像一切都没有发生过似的。

——10岁男孩春辉的父亲

这个案例中，在面临巨大的生存挑战时，男孩春辉表现出了超常的镇定与从容，让人赞叹不已。

由此我们可以看出，在神勇型人格男孩的心中，蕴藏着一股强大的力量。他们能很快吸收周围优秀人士的优点，让自己变得更强大。

2. 无论多苦多痛，都要笑着昂起头

在困难和打击面前，神勇型人格男孩总是表现得让人特别敬佩：他们能笑着昂起头，不但自己能保持阳光心态，还会劝慰身边的伙伴积极向上……这种英雄心态总是让周围的小伙伴折服，所以，他们从小就很容易成为孩子中的领军人物。

京京8岁那年，因为下楼时不小心，胳膊摔成了粉碎性骨折。出院后没几天，便吵着要去上学。我和他爸爸坚决不同意。孩子的胳膊正在痊愈期，不仅疼而且还会痒得钻心，晚上睡觉时，他总是被疼醒，满身都是汗。如果去了学校，他能挺得住吗？

可京京主意已定，无论我们怎么劝都不听。去了学校后，京京的表现让我们很惊异。他像从前一样，欢天喜地地和同学们一起玩、一起闹，仿佛什么都没发生过一样。可学校的体育老师却向我反映：有一次在卫生间，他发现京京在里面疼得小声地哼哼，当他打开厕所门问京京什么情况时，京京马上现出一副无所谓的神情，笑着跑了出去。

一个8岁的孩子，能这么勇敢，且有这么积极阳光的心态，真是让我感到欣慰和自豪。

——8岁男孩京京的母亲

从京京的故事中我们可以看出，神勇型男孩有一种与生俱来的乐观精神。也正因如此，在许多时候，我们很容易忽略了他们的病痛，把他们想成“钢铁侠”。而他们自己也十分在意自己的光荣称号，在学习和生活中，总是表

现得乐于吃苦，敢于奉献，战胜一个又一个难题和挑战。

培养方法：不莽撞，才是真勇敢

在理解力、包容心、表达力这三个方面，需要对神勇型人格男孩进行强化训练。因为他们总是执著地模仿着心目中的偶像，对世事人情缺乏必要的洞察力，容易变得不接地气。如果不进行长时间的心灵修炼，长大后，很容易出现一些致命性的问题。

1．教育口诀一：从现在开始，理解一些人情世故

美国动画片《狮子王》取材于莎士比亚的《哈姆雷特》，主人公辛巴因为战胜了自己人格当中的弱点，所以化蛹为蝶，战胜了强敌。但编导没有把影片做成一个简单的复仇故事，而是细腻地描写了一个神勇型人格男孩的心智修炼过程，有许多地方都值得神勇型人格男孩的父母三思和借鉴。

在该片中，小狮子辛巴因为禁不住诱惑，两次被叔叔刀疤欺骗，叔叔刀疤借机害死了辛巴的父亲，夺走了王位。这与神勇型人格男孩做事鲁莽、不爱思考的人格特点是有极大关系的。

引人深思的是，一直到长大，辛巴都没有弄明白，虽然他对父亲的死有责任，但并不是自己害死了父亲。直至与儿时的玩伴娜娜相恋后，在对方的开导下，辛巴才慢慢解开心结。由此可以看出，辛巴在感情上还是比较粗糙的，更缺乏对世事人情的理性思考。

神勇型人格男孩的父母，在孩子遇到麻烦后，一定要细心总结，结合发生过的实例，教会他们如何理性思考，冷静客观地解决所遇到的问题。

同时，还要让神勇型人格男孩从小树立这样一种观念：一个男人，并不是不犯错或很少犯错就有魅力，就是英雄。成长也是有代价的，在从男孩变成男人的过程中，犯错是不可避免的，如果自己能用心思考，这些错就会成为自己迈向成功的台阶。

小时候，我家里的经济条件十分不好。母亲多病，一直无法上班；爸爸所在的公司效益不好，也赚不了多少钱。可家里人特别宠爱我，不想让我知道家里的经济状况，所以总是尽可能满足我所有的花销要求，还特别奢侈地让我去少年宫学习踢足球。

记得那时，母亲从来不吃菜里的肉，总是夹给我，还说她不爱吃肉，吃了后胃会不舒服;母亲总是穿着那几件很旧、颜色很深的衣服，在给我买衣服时，我让她也买几件，她却总是说，她为人低调，不喜欢颜色鲜艳的衣服……

我从没有细心想过母亲的话，总以为她是“实话实说”。所以那时，我花钱总是大手大脚的，从不知节俭。

我大学毕业那年,母亲突然去世了。临终前,母亲对我说,她心里很不安,尽管她很节俭，可还有8000元的欠款没还上……

此时，我才忽然了解了家里的实际情况，理解了母亲的艰辛与苦痛。

——某民办大学学生董建

在这个案例中，因为注意力完全集中到自己的爱好当中，董建根本不理解父母的艰辛，不但没替父母分忧，反而给家里增添了经济负担。

在董建的父母看来，不应让孩子知道家里的困难，否则孩子心里会有压力，影响他的健康成长。但他们没想到，神勇型人格男孩长大后，也是很难自然理解家人内心感受的，甚至会因过于在意自己的面子，而变得“无情无义”。

对于坚强的神勇型人格男孩来说，父母一定要有针对性地对他们实行强化教育，让他们理解世事人情。当他们知道父母生活的艰辛后，不但不会变得消极，反而会变得更勇敢、更懂事。

2. 教育口诀二：对反感人物，要有包容心

在我国的历史名将中，关羽就是典型的神勇型人格。他最值得后人尊敬的

就是其忠义品格。这个义不仅体现在对待亲朋上，也体现在对待反感人物上。

赤壁之战中，关羽活捉并放走了曹操。本来，从理性的角度分析，放走曹操（刘备的主要政治、军事敌手），是不忠于刘备事业的表现，会危及事业和自身的生命。因为在这以前，他在诸葛亮面前签下了“军令状”，完不成任务是要砍脑袋的；而俘虏了曹操则是忠于刘备事业的表现，肯定能得到升迁和厚赏。

关羽觉得，曹操当年俘虏了他，不但不杀他，反而封官加爵，对他有厚恩。所以他认为：有恩自然报。但是，只要报过一次，也就不再欠对方人情了。关羽提出，当年他已经替曹操斩过袁绍的大将颜良与文丑，解了白马之围，已算报过恩了。

但是曹操认为：除了白马之围外关羽还欠他一个人情——关羽在出逃之时，过五关斩了自己六员大将，而自己并没有派人去追赶，这笔恩情关羽还没有报答。

关羽听后便毅然冒着生命危险放过曹操的残兵败将，求得恩义的平衡。

时至今日，当代人之所以如此崇尚关羽的品格，将他奉为神明，很重要的一点就是其对反感人物的包容心。这一点，对神勇型男孩来说极为重要，因为只有具备这一素质，他们才能很好地融入社会，而不是成为孤胆英雄。

我上小学的时候，短跑成绩特别好，在市里的各种田径比赛中，得过好多次冠军。当时，我很想做职业运动员。有一年，学校田径队让我和另外3个孩子一起练习4×100米接力这个项目，希望我能为学校增添荣誉。可没练几天，我就泄气了——另3个男孩的成绩太差了，而且训练后，又没什么大的改进。

当时我特别想放弃，高教练劝我说：“因为天资不同，他们是无法跑得像你那么快的。只要大家尽力了，无论结果怎样，这件事情都很有意义，你不要太在意奖励和荣誉。”

我说："如果得不到奖，还费那么大劲干什么！"

当时，教练被我顶得也不知说什么好了。第二天，我不顾大家的劝说，退出了4×100米项目的训练。

后来，那几个练4×100米的男孩对我十分痛恨，总是找碴和我打架，仿佛要跟我叫板似的，这几个男孩新组成团队后，特别认真地练习，不久就在市里的比赛中获得4×100米接力赛的冠军。从此，我在体校的人缘变得越来越差，后来比赛成绩也有些下降，我突然对田径比赛失去了兴趣。

——山东××公司职员董阳

在这个案例中，董阳后来之所以对田径失去了兴趣，真正的原因就在于：他太在意做事的声誉，而忽略了做事本身的乐趣与意义。

本来，在孩提时期，体育比赛本是一项既锻炼身体又陶冶性情的活动，董阳却把它直接与荣誉捆绑在一起，所以他包容不了同伴，人际关系出现危机。

由这个案例我们可以看出，在童年时，如果一个孩子做事过于功利的话，他会对许多的人和事缺乏包容度，会因此而四处树敌，冲突不断。

在这方面，除了家长自己要进行修炼外，还要经常积极地对孩子进行引导，让他们明白：一个男人做事，人际和谐比一时一事的胜利更加重要。

3. 教育口诀三："儿女情长"才是真英雄

在中国的历史故事或文学作品中，我们总是能发现这样一个奇怪的现象：英雄的情感生活大都很平淡，他们大都不会谈恋爱，甚至没有婚姻，有一种不食人间烟火的感觉。

比如：关羽与妻子的婚姻很平常，《三国演义》作者只在第十三回略提了一下——关羽攻占襄阳城后，诸葛谨对孙权说："云长自到荆州，刘备娶与妻室，先生一子，次生一女……"寥寥几句，一笔带过，究竟姓甚名谁，都未提到。可见，两个人绝不会有什么轰轰烈烈的爱情。至于宋江、武松、项羽，在婚姻上就更为失败——爱他们的人都惨遭不幸……

其实，这不是偶然现象。在实际生活中，多数神勇型男士在婚姻中容易出现问题。这一方面与他们莽撞的天性有关，另一方面就是他们缺乏细腻的情感表达力，在沟通上有弱势，很难与他人建立较深厚的情感关系。

上小学二年级的时候，父亲忽然调到广州去工作了。父亲是个特别开朗活泼的人，在家时，经常陪我出去玩，他走了以后，我觉得心里空荡荡的，有一种莫名的孤独感。

不久，学校高年级的几个同学经常欺负我，妈妈很胆小，觉得父亲不在家，不敢惹事，一切事情都“低调”处理。所以，她也不替我出头，不去找那几个孩子的家长理论，我心里别提多委屈和悲凉了。

可我没有把这种心情告诉母亲，一方面是觉得这样做有损男子汉的形象，另一方面，我自己也不知道如何表达，我觉得许多话都很难说出口。

后来，我得了一场大病，在医院里住了好长时间，父亲赶紧请假回来了。

自那以后，不知为什么，如果父亲太久没有回家，我就会莫名地生病。只有父亲回来看我时，我的病才能好起来。

——北京某公司职员于志

这个案例中，于志的遭遇是许多神勇型人格男孩都经历过的。他之所以爱生病，是因为产生了轻度的忧郁症，因为无法说出自己的心事。有些孩子还因此出现自虐现象，比如在身上刺字，用烟头烫自己等。

其实，对8岁左右的孩子来说，如果能善于和大人交流，说出自己内心的委屈、焦虑等负面情绪，是不会出现这种心理问题的。可神勇型人格男孩过于在意自己的“男子汉”形象，会拼命压抑自己的真实情感。

作为家长，不仅要让神勇型人格男孩学会沟通，而且还要让他们学会表达内心细腻复杂的情感。这样，不仅有利于他们的情感宣泄，也容易加深他们和周围亲朋的感情。而且，等他们长大后，这种细腻表达的能力，也有利于提高他们婚姻生活的安全感和幸福度。

实战演练

神勇型男孩在生活和学习中有很多特殊的表现，家长教育时偶尔会陷入误区。下面举几个小例子，说明我们提倡的应对方法。你不妨试一试，看看结果与以往有什么不同。

1．不体贴父母及亲人

引导而不批评。要坚持让孩子做一些简单的家务，并到父母及亲友的工作地点参观，让他们理解工作的艰辛。

2．脾气暴躁

发火时要避开或和他打太极拳，等他冷静下来之后再谈。父母要帮孩子说出心里的感受，然后有针对性地开导他。

比如，孩子考试成绩不理想，到家后，无端地发脾气，父母就可以这样跟孩子沟通：

妈妈："怎么这次成绩下降得这么厉害？"

孩子："我哪里知道！准是老师又向你嚼舌头，说我坏话了！"

妈妈："你看上去很疲倦，这件事我们以后再说吧，你先休息一下。"

等孩子平静后妈妈再劝他："妈妈知道你是为考试成绩的事发脾气。这是没必要的，大家看到你努力了，这就够了。你要总结的教训就是下次如何不马虎。"

3. 缺乏必要的自我保护心态

多给孩子一些引导，说说自己的一些经验和建议，让孩子理解世事人情的复杂性。但不要过多涉及阴暗面，让孩子对人际交往产生畏惧心态。

4. 在人际交往中缺乏必备的常规礼节，爱与同学动粗

先用同理心的方式理解孩子的心理感受，然后再耐心开导，帮他们找到不用动粗也能解决问题的好办法，不能一上来就批评。

比如，孩子和小朋友发生冲突，想动手，父母可以这样跟孩子沟通。

孩子："我就是想揍那家伙！他太可恶了！"

爸爸："儿子，我知道你很生气。我像你这么大的时候，也和你一样，总觉得动了拳头就可以把事情摆平，可实际上根本不管用。"

孩子："他是个混蛋！"

爸爸："小明有些做法的确有错。不过爸爸希望你能明白，靠打架是无法从根本上解决问题的，还是要想办法智取。"

5. 过于关心成绩，成绩不好时会因心理压力过大而变得暴躁

多带孩子参加旅游参观类活动，缓解其心理压力。不要在家里形成"以分数论英雄"的风气，多鼓励孩子提升自己的综合素质。

6. 在学习上粗心大意

要帮孩子想出解决办法，提升他们的注意力。比如：练习台球、围棋等比较安静的体育活动，以此修炼他们的性情。

在做作业时，要让他们放慢速度，作业做完后，要用15～20分钟进行检查。

PART 3

大智大勇、亲和力差——洒脱型男孩

洒脱型人格是激情型人格中的一个分类型，孩子有激情，做事时有勇有谋、洒脱自如，只是有时过于自恋，爱装腔作势。对他们的教育核心点，就是让孩子做事时能多投入真情实感，要明白：有真感情，才是真正勇敢的男子汉。

小测试：你的孩子是洒脱型男孩吗?

完成下面的小测试，观察你的孩子在生活、学习和与人交往时是否经常存在以下行为表现，是的请在前面的□里打√。

□1　做事时，总是很清楚地知道自己何时该进退取舍。

□2　在学习和生活中，各项综合能力都很强，给父母脸上增光。

□3　和别人说话时，脸上的表情变化很小，对方很难看出他的真实情绪。

□4　总劝说周围的人："要以集体（或班级）利益为重。"

□5　喜欢端庄大气的衣服，颜色偏鲜艳，但不喜欢太时髦的打扮。

□6　为了集体（或班级）的利益或成功，不在意自己的行为对个别同学是否会造成伤害。

□7　发生重大事件时，能有条理地进行处理，并能照顾到多方的面子。

□8　遇到挫折时，总能从容对待，毫不怯懦。

□9　做事很善于把握时势。

□10　对人情世故不大敏感，崇尚成功和权力。

如果"√"达到5个或以上，则说明你的孩子有大智大勇的性格因素。如果"√"没有达到5个，那么你可以跳过这一章。如果有些答案是肯定的，那么本章就值得你继续读下去，并尝试其中的建议与方法。

你的孩子缺少亲和力吗

洒脱型人格男孩的身上蕴藏着超凡力量，做事时，不但有激情还不乏耐力。同时，他们有很好的组织管理能力，在同学和朋友中间，总是扮演“孩子王”的角色。但如果家长和老师引导不好，他们容易一切向“权”和“钱”看齐，变得自私冷漠，缺乏人情味。

洒脱型男孩生活中的小问题：

●对老师和同学有意见时不直说，而是怂恿其他同学“闹事”

●如果在学习上遇到的困难较多，就会缺乏耐力

●因为过于自负，所学的知识不扎实、不熟练，关键时刻容易掉链子

洒脱型男孩学习中的小问题：

●过于追求完美

●从不讲明自己内心的真实想法

●内心很盛气凌人

1. 因自恋而无情

在现实生活中，洒脱型人格男孩是十分善于借势的，但如果他们在这方面花的心思过多，就容易走入世俗功利的怪圈当中，变得自以为是、不近人情，甚至固执冷漠。如果不加以改进，长大后，不只在友情上会出现种种问题，甚至在亲情上也会亮出红灯：他们只是和亲人维持表面的关系，很少有深入沟通，更缺乏依恋及亲密关系，一切以“能否为我所用”为衡量标准，就会变得十分无情。

有一年，小伟的小姨梁娜下岗了，因为一直没找到合适的工作，便来北

京投奔我们。在我们的帮助下，梁娜在小伟学校附近的超市里租了摊位，卖煎饼。小伟特别生气，觉得小姨给他丢人了。为此，他很少和小姨说话，也从不去那家超市买东西。

有一天晚上，梁娜对我和爱人说，有一天早晨，她在去超市的路上看到了小伟，可不管怎么喊，小伟就是不回答，后来还飞快地跑开了。

我忽然觉得情况很严重。当天晚上，我向小伟问起此事，他理直气壮地说："小姨又懒又不爱学习，所以她才下岗的，我一点都不同情她。现在又跑到我们学校附近摆小摊，要是同学们知道了，准会天天嘲笑我！我也没法再当中队长了！"

我当时气得浑身发抖，不知说什么好，一个10岁的孩子，怎么会变得这么虚荣无情呢？真是让我心痛！

——10岁男孩小伟的父亲

通过这个案例我们可以看出，在人际沟通中，洒脱型人格男孩十分容易出现功利化、庸俗化的倾向。他们把人与人之间的关系看成纯粹的利用和被利用，只维持表面上的和谐与融洽，根本不去寻求深厚长久的情谊。如果养成这种倾向，在他们的心中，会始终残存着一些阴影，阻碍他们与周围的人建立亲密关系。他们的性格也容易变得古怪，做出许多出格的事。

2. 装腔作势扮成熟

洒脱型人格男孩有激情、爱交际，有着极强的沟通表达能力，善于说服他人，同时，他们还懂得借势。所以在集体当中，他们很容易成为有权威的人。

可在这方面，如果家长引导不好，他们就极有可能向着负面方向发展：因为过于迷恋得来的权威，因害怕失去而变得喜欢装腔作势，甚至当面一套、背后一套。

最让家长和老师头疼的是：洒脱型人格男孩身上的这种虚伪是经过"策

划”与“包装”的，很隐蔽，让别人很难挑出毛病。这一弱点如果得不到及时的提示和纠正，会慢慢演化为一种极端的人格：当面一把火、背后一把刀——在他们心中，没有永恒的友情、亲情，只有永恒的利益、权力。

初一那年，黄帆参加市里的一次足球比赛时，和市三中一个叫李俊的孩子发生冲撞。结果，黄帆小腿骨折，没得到他梦寐以求的冠军奖杯，还在医院待了一个多月。

那天比赛时，我也在场，我看得很清楚：那个叫李俊的孩子不是故意犯规。而且事情发生后，李俊和他父母的态度也特别好，不但出了医药费，还三番五次来道歉，送了不少营养品，所以我和黄帆他爸爸也没追究此事。黄帆表面上表现得也很大度，但我从他的眼神中可以看出，他根本没有原谅李俊。

黄帆出院后不久，李俊的爸爸给我打来电话说：李俊在放学的路上被好几个骑自行车的男孩撞伤了，头上缝了三针。

因为那些男孩都是黄帆学校的学生，所以，虽然李俊的爸爸没有把话说透，但我已明白，是黄帆暗中设的计。

这件事，我盘问了黄帆好几次，可他总是想出各种理由搪塞我，问不出一句真话，让我心里十分难过。

——13 岁男孩黄帆的母亲

在这个案例中，黄帆的无情，固然和不良社会风气的影响有关，但重要的还是人格弱点导致的结果。

对于社会的阴暗面，洒脱型人格男孩还缺乏较理性的辨析能力。他们想得更多的是，既要维护自己阳光正面的形象，又要狠狠地报复对方。这种处事原则是十分危险的。

用荣格的人格面具学说来分析，洒脱型人格男孩所表现出来的，是这样一种矛盾的心态：他们在努力扮演一个社会道德所赞扬和推崇的人格形象，可实际上，却压抑了自己天性中许多美好的东西。

男孩要变成男人，在许多时候，家长需要引导他们戴上一些“人格面具”，以此克制自己一些不好的行为习惯，以便更好地与集体中的成员相处，尤其是与那些他们并不喜欢的人和睦相处。

但这个“面具”既是可以随时戴上，又是随时能摘下来的。如果变成了习惯，永远摘不下来，就成了假面人，在生活和学习中极容易出现大问题：他们失去了孩子最宝贵的东西——童真。

“洒脱型”男孩的大智大勇

激情型人格男孩的家长是很不容易的，因为这些孩子都属于爱激动、情绪控制力较差的男孩。但相比较而言，洒脱型人格男孩的情绪控制力要比机智型和神勇型人格男孩强许多。他们智勇双全，能做到“胆大心细”，所以在生活和学习上，他们很容易把一些很复杂的事情做得特别完美漂亮，从而赢得周围人的喜欢和赞叹。

1. 让平淡的生活精彩起来

因为做事认真、充满激情，还特别善于演说，所以洒脱型人格男孩从小就会有很多的铁杆“粉丝”。

洒脱型人格男孩很在意自己的形象，要求自己方方面面都很优秀。所以他们所感兴趣并努力竞争的，是组织中正式的“领导头衔”，如班干部、学生会的干部等，而不是小圈子或一些玩伴中的“孩子头”。

在生活和学习中，洒脱型人格男孩会利用自己的激情和才智，较好地维护与各方面的关系，把所承担的工作做得井井有条。同时，在生活中，如果亲人遇到问题，他们也总是能给亲人以支持和鼓励，并用自己独特的正能量的表达方式，给大家带来意外的惊喜，正像广告语所说的那样：天天有惊喜，精彩不落幕。

我是在上小学三年级时来到北京上学的。在此之前，我一直在南方一个偏僻的小县城上学。我的父母在北京一个私企里做业务员，家里收入不高，来北京七八年了，还一直租房子住。

我们班同学的父母大都在机关和名企工作，家境都特别好，和我的家境反差十分大。我能进这个知名的学校也很巧，我父母所在企业的老板和我们学校的校长是同学，是他帮我们疏通了关系。

我来到这个班之后，大家对我都很不友好。

记得上学第一天，老师问我要不要参加校里的健美操培训班。我当时竟然不知道什么叫健美操，就说："做操还用培训吗？"结果让班里的男孩笑话了我好几天。

可我并没有把这些事放在心上。我一直记着临来北京时爷爷对我说过的话：没有什么品质是天生的，好人缘要靠自己努力才能争取到。

不久，我就参加了校里的健美操队。因为刻苦认真，悟性又好，我的水平很快超过了那些培训了好几年的同学，于是被学校派出去参加各种比赛。结果我连连获奖，为学校争了一大堆荣誉。

可我并没被这点成绩冲昏头脑，依然很低调，每天扎扎实实地学习、大大方方地做事。最重要的是，在遇到一些难题或困难时，我十分镇定、淡然。

因为我很会处理和同学们的关系，不久我就被同学们推选为新班长，后来又当了大队长，身边有了一大堆"粉丝"和朋友。

我用自己的努力给父母争了光，他们公司老板也十分高兴，年终时，给他们的奖金总是比其他同事多。

——12岁男孩王昊

从王昊的叙述中我们可以看出，在人际协调上，洒脱型人格男孩有着超凡的能力：他们既能看清楚生活环境中大的形势，同时也知道在细节小事上，如何找到与大家沟通融合的点。

正因为在人际关系上的成功，洒脱型人格男孩会比其他孩子更有自信心。虽然他们的情绪是不稳定、易兴奋的，但在心态上却比机智型和神勇型人格男孩沉稳许多。他们适应环境的能力很强，能在较短的时间内以最小的代价取得成绩，给父母和老师带来惊喜。

2. 困难面前显身手

在激情型的三种类型男孩中，洒脱型男孩的勇敢不是体现在言语上，而是体现在一些生活细节中。因为他们为人处事不太张扬，所以洒脱型男孩的父母，必须是细心之人，不然就有可能发现不了他们的这一潜在优势。

相比于机智型、神勇型男孩，洒脱型男孩的第二个不同点是，做事善于调查研究，一般不会鲁莽行事，能做到有始有终。

此外，洒脱型人格男孩在做事时，还特别善于组织协调，利用集体的力量来未完成看似很难完成的任务，十分具备领袖意识。

那一年，北京降下了百年不遇的暴雨，当时我带着李光在十渡游览。大雨引发了泥石流，附近的道路被破坏，无法通车。雨越来越大，好多村民的房屋被大水冲毁，且不停地传来游客失踪的消息。

当时，我心里十分害怕，在撤退过程中还扭伤了脚，每走一步，脚都钻心地疼。我又害怕又绝望，禁不住哭了起来。可我没想到，只有13岁的李光却出乎寻常地淡定，他搀扶着我，不断地安慰我，和大家一起撤退。

后来我的脚肿得厉害，实在走不动了，我坐在地上对李光说："我们还是坐在这里等待救援部队吧？"

李光态度很坚定地说："路都被毁了，部队在短时间内是到不了的。雨这么大，在这耽搁的时间越长越危险！"

我说："我是大人，没事的，你别管我，先和周围的人一起走吧！"

李光像个男子汉一样说："那怎么行，我背也要把你背出去。"

李光特别聪明，他给了一个年轻的小伙子500元钱，让他帮忙一起背着我。就这样，李光和那个小伙子互相替换着，背一会、歇一会，我们终于和大家一起撤到了安全地带。

平时，我一直觉得李光是个小孩子，和其他娇生惯养的独生子没什么区别。可我没想到，在这种生死存亡的关键时刻，他表现得那么出色，让我这个做母亲的又震惊又骄傲！

——15岁男孩李光的母亲

在这个案例中，李光的母亲觉得孩子的表现很突然，主要是因为她在平时忽略了孩子的潜能。当然，从另一方面来讲，也是其父母教育有方，对孩子引导得好，所以在关键时刻，孩子就会闪现自己人格当中最光辉的那一面。

培养方法：有真感情，才有大智慧

和神勇型人格男孩相比，洒脱型人格男孩比较善于掩饰和伪装，让人有种“神龙见尾不见首”的迷惑感。

比如，他们都有不注重建立亲密关系的弱点，但神勇型人格男孩是直接表现出来的，而洒脱型人格男孩在表面上做得十分得体自然，一般人根本看不出来他们内心的冷漠甚至无情。

所以，在对洒脱型人格男孩进行教育时，要在情感培养上下工夫。这是决定他们将来事业和生活成功与否的一个关键因素。

1. 教育口诀一：把他们潜在的正能量激发出来

在美国动画片《马达加斯加1》中，塑造了一个典型的洒脱型人格男孩代表——狮子阿里克斯。和所有洒脱型男孩一样，在动物园里，阿里克斯的一切都很完美，他聪明、有激情、有才干，是纽约中央公园中的动物明星。可当他们逃离了自在安逸的动物园，来到非洲原始森林后，阿里克斯的猛兽本性也开始复苏了，开始进攻身边的朋友，并想吃掉他们。

最终，经过种种磨难及痛苦的挣扎后，在朋友的教育和帮助下，阿里克斯改邪归正。他不但适应了艰苦的生活，还发现了自己身上的潜能，在最关键的时刻，他挺身而出，用勇敢和智慧吓跑土狼，救了朋友及狐猴。

阿里克斯的转变，可以给家长们带来很多的启示。

对于洒脱型人格男孩来说，在风平浪静的日子里，他们会十分乖巧可爱、积极阳光，可万一遇到一些突然的变故或挫折，他们心中隐藏着的那些弱点就容易爆发出来，开始变得自私、贪婪甚至残忍。

在这种状态下，父母的引导与教育就显得尤其重要了。

从小学一年级到六年级，我的学习成绩一直是班里的第一名。我的同学张锋也很努力，但一直没超过我，只能屈居第二。他虽然没拿到过第一名，在学校的影响力却比我大很多：不但是班干部，还是班里男生的主心骨。

尽管如此，张锋的心里还是不平衡，总觉得我影响了他在同学、老师心目中的形象。为此，他同我展开了一场长期的“暗斗”。

因为张锋的缘故，我和班里的男生关系一直比较紧张。可我知道，张锋太强了，从小就练跆拳道，在体力上，我不是他的对手。所以我一直扮演着“胆小鬼”、“书呆子”的懦弱形象。

有一次放学时，我不小心把足球踢到了一个叫蒋宏的同学脸上，张锋便挑唆蒋宏和我打架。按平时的策略，我一定会马上溜走的，可那天我不知从哪来了勇气，我没有理会蒋宏，而是拿起旁边的一个砖头，向张锋砸去，结果把他打成了脑震荡。

——北京 ×× 大学学生吴超

在这个案例中，洒脱型人格男孩张锋表现出了自己“好斗”的一面。可因为他具备一定的克制能力，所以虽然他能打得过吴超，但多数情况下，还是采用“暗斗”的形式来挑起事端。

正因为是“暗斗”，其激烈程度是要超过“明争”的，所以伤害往往很大，也容易使他们养成暗中使绊、暗箭伤人的不良人格倾向。

在对洒脱型人格男孩进行引导时，简单的批评和惩罚是没有任何用处的。父母一定要想办法激发出他们内心的正能量，让他们学会包容。在他们遇到打击和失败时，帮他们迅速摆脱不良情绪，让他们慢慢学会克制自己的好胜心，能理性面对自己的失败和不如意。

2. 教育口诀二：防止孩子对同伴实施“冷暴力”

如果父母引导不好，洒脱型人格男孩就容易出现这样的错误：只要有人对他的利益产生影响，不管是有意的还是无意的，他都会暗中进行打击报复。有时甚至对同伴实施“冷暴力”，后患无穷。

在引导教育孩子的时候，父母一定要注意的是：既往不咎。要原谅孩子曾经犯下的错，并相信他们一定能很好地改正。有了这个信任的前提，才能与孩子很好地沟通，在心里达成默契，从而让孩子接受父母的引导和教育。

小学三年级时，我们班来了一个有点智障的男孩子，名叫何田。何田的父母觉得何田的智障还很轻，如果和正常孩子在一起，他会进步得更快，所以不希望让他进那些专门为智障孩子开设的学校。

何田的学习成绩不太好，所以，每每考试的时候，总是把班里的平均分拉下来，弄得我们班在年级中排名永远处于倒数第一的位置。为此，同学李哲十分不高兴，因为我们班的成绩在年组中排名靠后，李哲在大队委中的地位和威信都会受到很大影响。

为了把何田赶出我们班，李哲就不停地出坏主意，让班里几个最淘气的男孩去实施。

记得有一次，李哲让两个男生把气球里灌满了水，趁何田站起来时放在他的椅子上，结果何田坐下后压碎了气球，弄得裤裆里全是水。李哲就和其他男生一起起哄，说何田尿裤子了，气得何田哭了一下午。

我为此事同李哲吵了好几次，结果李哲根本不承认是他出的主意。我还去班主任那告了李哲几次状，可老师说什么也不相信，因为他觉得李哲是个完美的孩子。所以，这些事都因为没有证据而不了了之。最终，我一点也没帮上何田，只能眼睁睁地看着他被迫转了学。

——广东 ×× 公司职员唐梅

在这个案例中，男孩李哲的表现充分暴露了洒脱型人格男孩的一个明显的人格弱点——“冷暴力”倾向。在现实生活中，洒脱型人格男孩大都聪明、固执，要想改变他们的弱点是很难的。所以，父母要采取多管齐下的方式进行正面引导。

一方面，家长要自己做好榜样，因为身教重于言教。如果家长发现自己身上也有一些明显的坏毛病，比如酗酒、赌钱等，就要抓紧时间改掉，否则家长是很难真正说服自己的孩子的。

另一方面，对于孩子身上的坏习气，家长也不能心急，要一点一点地改变他们。如果逼得太紧，容易引起他们强烈的逆反心理，反而出现一波未平一波又起的尴尬局面。

3. 教育口诀三：培养孩子质朴宽厚的真性情

在孩子的教育中，对于中庸型人格当中的四个分类型人格的男孩来说，就不适合采用“宽厚”这一理念。因为内向，许多孩子会把“宽厚”的理念理解偏，在与人交往时，容易变得软弱可欺或良莠不分。但对于洒脱型人格男孩来说，这个理念就特别适合，因为他们特别缺乏这项品质，做事很爱动心机也很好斗，有时为了一己之利，把亲情友情看得十分淡，这对他们的成长是十分不利的。

在洒脱型人格男孩的教育中，父母一定要强化质朴宽厚的真性情，引导他们在做事时要守住良心道德的底线，敢爱敢恨，态度鲜明，不为名利所动。

我上小学六年级时，妈妈再婚了，后爸有一个孩子叫宁宁，和我们一起生活。宁宁是个特别内向的孩子，一直心事重重的，可能是因为他妈妈早亡的缘故。

宁宁比我大一岁，按理说应该多谦让我，可他对我却一直不怎么好，总拿我当外人。

其实，以我的体力和智力，想欺负他很容易。可母亲却一再地劝告我别惹宁宁。她说："宁宁从小就没了妈妈，所以脾气有点怪，你要多体谅他。毕竟你现在要比他幸福得多——我和你爸虽然离了婚，可他对你和从前一样好，经常陪你玩，宁宁不知有多羡慕你呢。"

我说："他那么矫情，即便我对他好，他也不会领情，说不定还在背地里嘲笑我软弱可欺。"

母亲说："他怎么想、怎么做，那是他的事。你首先要把该做的事情做完美，这样才有权利要求别人。还有，你要明白，你对宁宁好，其实也是在帮妈妈。这样，让妈妈和于叔叔能和睦地过日子。妈妈离婚离怕了，不希望还有第二次。"

望着妈妈渴望的眼神，我的心一下软了，内心油然生出一种责任感：要帮妈妈一起守护住她的幸福。

此后，我对宁宁的态度来了一个180度的大转弯，打心眼里对他好。虽然我没能融化他心里的那块坚冰，但我们之间也没发生什么冲突，我俩一直相安无事。最重要的是，我养成了宽厚待人的好品质，让我在以后的工作中受益匪浅。

——上海××电视台记者鲁飞

在这个案例中，鲁飞的母亲对孩子所做的正面情感教育，显然收效是十分显著的。她让孩子认识到：能否宽厚待人，事关亲人的幸福。这样，孩子就会慢慢地与周围亲朋建立起深厚的情感，做事时就多了一分宽厚与大气，也更容易获得大的成功。

实战演练

洒脱型男孩在生活和学习中有很多特殊的表现，家长教育时偶尔会陷入误区。下面举几个小例子，说明我们提倡的应对方法。你不妨试一试，看看结果与以往有什么不同。

1. 孩子做事过于追求完美，心理压力特别大

在交流过程中，要承认孩子说得有道理的地方，不能一概否定。同时要耐心地向他们解释，事情做得虽然不是很完美，但结局也不像他们想得那么糟，以此化解他们多余的顾虑。

2. 从不讲明自己内心的真实想法

适应他们的这种表达方式，在与孩子沟通时，不要把事情说破，让孩子保持自尊心。此外，家长平时要注意观察孩子的所作所为，知道孩子的心理动向，这样在出现问题时才能快速找到疏导方向。

比如，孩子把自己的手机送给了朋友，却瞒着父母说弄丢了，父母得知真相后，要和他这样沟通：

妈妈："买这个手机花了3000多元呢，是妈妈1个月的工资。你知道，妈妈每天上下班都要坐将近4个小时的公交，好辛苦啊！手机丢了，妈妈真是好心疼。"

孩子："我不是故意的。"

妈妈："是的，我明白，我没生气，只是很心疼。"

孩子："真的吗？"

妈妈："是呀，妈妈像你这么大的时候，也不明白普通人家过日子的辛苦，只是后来经过了几件事，才慢慢明白的。"

孩子："妈，对不起……"

妈妈："你不必说了，妈妈都明白了……我不怪你了……"

3. 外表很谦和，内心却很盛气凌人

不要一味地指责，要清楚孩子盛气凌人的真实原因，找到具体的解决办法后，再和孩子商量。同时，要学会欣赏孩子的优点，并希望他能强化自己的优点。

4. 对老师和同学有意见时不直说，而是怂恿其他同学"闹事"

经常了解孩子班里的情况，出现问题后及时和班主任沟通解决。在没有证据的情况下，不要乱批评孩子，也不要把发生的坏事硬说成是他策划的。

5. 如果在学习上遇到的困难较多，就会缺乏耐力

调动孩子学习的积极性。如果孩子对学习本身无法产生兴趣，就多向孩子强化学习带来实际利益：将来幸福快乐的生活、他人的尊重等。

6. 因为过于自负，所学的知识不扎实、不熟练，关键时刻容易掉链子

孩子成绩不好时，要让他们明白，真实的原因在于他们过于自负，没有完全静下心苦学，而不是他们总结的那些偶然因素：比如考题太偏、自己身体不舒服、早饭没吃好等。同时，要他们明白自信与自负的区别，以及自负所带来的可怕后果。

PART 4

才气过人、骄傲浮躁——才干型男孩

才干型人格是才华型人格中的一个分类型，才干型男孩特别活泼，能言善辩、才华横溢，只是有时过于浮躁，容易骄傲自大。对他们的教育核心点，就是让孩子做事时能淡看自己的才华，保持平常心，要明白：才华需要好心境来滋养。

小测试：你的孩子是才干型男孩吗？

完成下面的小测试，观察你的孩子在生活、学习和与人交往时是否经常存在以下行为表现，是的请在前面的□里打√。

□1　遇到失败或挫折，会忽然变得脆弱不堪，甚至不再相信自己的才华。

□2　在学习上喜欢表现自己独特的才华，取得成绩后，容易产生骄傲情绪。

□3　总是不自觉地把喜怒哀乐的情绪写在脸上。

□4　总爱对别人说：“相信我的能力，没错的！”

□5　喜欢奔放、有活力、个性很鲜明的着装风格。

□6　做事过于坚持自己的个性或观点，不管是否得罪人。

□7　别人总夸他做事时有超强的创造和革新能力。

□8　做事特别浪漫、特别有创造性。

□9　始终相信自己在学习生活上很快就能取得大的成功。

□10　有个性，在很多方面都显示出超人的才华。

如果“√”达到5个或以上，则说明你的孩子有骄傲浮躁的性格因素。如果“√”没有达到5个，那么你可以跳过这一章。如果有些答案是肯定的，那么本章就值得你继续读下去，并尝试其中的建议与方法。

你的孩子容易骄傲浮躁吗

才干型男孩是父母们的骄傲，他们才情闪耀，动手能力极强，又善于和他人沟通交流，最难得的是：在生活和学习上，他们不愿遵循传统，爱创新和探索。但如果父母和老师引导得不好，他们的弱点也会变得同优点一样突出，比如：

常因骄傲和过于高调而得罪人，有时因无法克服困难和挫折而变得浮躁，听不进出父母和老师的话，变成油滑、爱耍赖的孩子。

才干型男孩生活中的小问题：

●取得成绩后有些骄傲自大，对父母及周围的人没礼貌

●遇到多次打击后，不能很快振作起来将所做的事情坚持到底

●爱和有才华的孩子攀比，如果比不过，就抱怨家人的支持力度不够

才干型男孩学习中的小问题：

●听不进家长在学习上的批评和建议

●总想拥有更多的才能，结果却影响了学习成绩

●学习成绩下降后，怨天尤人，或者认为自己脑子笨

1．错估自己的沟通协调能力

才干型人格男孩虽然在学习中表现得十分出色，可胆识魄力、团队精神能力等方面却表现得很一般。所以，在团体当中，他们的个人魅力大都不如激情型和中庸型人格男孩，也缺乏内敛型人格男孩严谨的逻辑思维能力。

因为在学习上表现出了出众的才华，才干型人格男孩一直希望在学校或生活中扮演“组织领导者”的角色，而且老师也容易把一些重任交给他们。实际情况却是：因为缺乏号召力和感染力，他们大都很难完成任务，有时还会引出许多麻烦和事端，让他们的自信心大受打击，也给家长添乱。

在往年，小区内几个十多岁的孩子放假时，总是由一个叫伟杰的孩子带着出去郊游。伟杰虽然才12岁，却特别有组织能力，几个孩子都特别佩服他。对此，文墨十分不服，他觉得，如果让他组织，一定要比伟杰优秀：因为自己的学习成绩要比他好，是老师喜欢的红人，而且才艺出众，唱歌得过区里比赛的二等奖。

去年暑假，恰好伟杰和父母一起出去旅游了，文墨特别想展示一下自己的组织才华，就撺掇小区的几个同学，一起去爬野长城。因为怕家长反对，他们撒谎说学校有活动，偷偷跑了出去。

结果，到了野长城，孩子们根本不听文墨的指挥，各玩各的，场面十分混乱。更惨的是，有一个男孩在爬长城时，踩塌了一块城砖摔到了山下，腿骨严重骨折。为此，我赔了人家两万元的医药费。

——13岁男孩文墨的母亲

在这个案例中，文墨特别想表现一下自己的组织领导能力，其实这并不是他的特长。同时，他又缺乏号召力与凝聚力，所以，出事是必然的。

在十三型人格的四大类型人格当中，谋划能力最强的是内敛型，而领导能力最强的是激情型。对这两项，才华型当中的三种人格类型男孩都不太擅长。所以家长要努力引导他们，让他们知道自己的优势和劣势在哪里，多尝试自己最擅长的事。不然，如果受到的挫折较多，对他们自信心的培养是十分不利的。

2. 不堪一击的“逆境商”

“逆境商”就是指一个人在面临困难、打击时，所表现出的智力能力和心理素质。在这方面，才干型人格男孩还是比较缺乏的。尤其是他们引以为傲的某才华受到打击时，他们就会变得特别消沉，怀疑自己的能力，有的孩子甚至因此一蹶不振。

上小学六年级那年，爸爸妈妈忽然有了矛盾，每天不停地吵架，根本没有时间管我的学习。因为担心父母会离婚，我总是静不下心学习，上课时经常走神，做作业和考试时也特别马虎，总是出错。结果，没过多长时间，我的成绩就滑了下来，我再也不是从前那个全校知名的明星学生了。

为了提高我的成绩，父母给我找了家教老师，可一年过去了，我的成绩还是一直没有起色。从这以后，我也开始对自己失去了信心，觉得自己可能是脑子出了问题，变笨了，再努力也没什么用。

于是我开始不再严格要求自己了，干脆破罐子破摔，迷恋上了麻将和打牌。

——上海 ×× 公司职员路远

在此案例中，路远是一个被父母和老师过度宠爱的孩子，家里发生变故后，他突然从云端掉在地上，心里自然难以承受。由此我们可以看出，对于才干型人格男孩来说，在遇到挫折时，因为不善于进行自我心理疏导，他们学习和生活的规律很容易被快速打破，特别容易出问题。

“才干型”男孩的才气过人

因为善于克制自己的惰性，又善于向他人学习讨教，所以在很小的时候，才干型人格男孩就会表现出自己与众不同的才华。他们在背诵、表达、动手能力上会有很超常的表现，所以他们总是被夸赞为“小才子”。

1. 让小伙伴“羡慕嫉妒恨”的真才情

因为从小就受到较多的赞扬和鼓励，才干型人格男孩比同龄人拥有更多的自信，天性会更活泼、更开朗。所以他们在学习和生活中敢于创新，思想十分活跃，在同龄的孩子中显得特别突出。

有了这些成功的光环，才干型人格男孩对自己的才华极为重视，大有“才情抵万金”之感，在这方面特别舍得投入自己的精力。他们的才华也会因此而越磨炼越闪光，从而走上了一条良性循环的成功之路。

我出生后，就是一个长相有点丑的男孩子。为此，容貌秀美的妈妈总是遇到这样一个尴尬的问题，人们见了她，总是千篇一律地说这样一句话：“这个孩子怎么一点都不像你？”

妈妈嘴上虽说不介意，可我知道，她心里是有一丝遗憾的。

可从上小学起，妈妈的这点遗憾便被完全带走了——我用自己出色的学习成绩，给妈妈带来了无比的光荣。熟人们再见到妈妈时，话题也总被引领到学习成绩上：

“路飞奥数得了全市第一！”

“路飞的成绩从来没得过年级第二，永远第一，我都很惊讶他是怎么办到的！”

“路飞的作文上了报纸！”

妈妈说这些话时，眼睛里充满了自豪的笑意。那一刻，我觉得她一定是全天下最幸福的母亲。而我，为了捍卫她的幸福，也心甘情愿地投入到学习的竞争赛当中，并且越战越勇，慢慢达到了一种炉火纯青的境界。

——北京××科研所研究员路飞

在这个案例中，路飞对学习产生兴趣的过程很耐人寻味。因为才华得到了母亲和周围人的承认，他找到了人生的乐趣、生活的自信，甚至事业的方向，可见才华对他的重要性。

对于才干型人格男孩子来说，他们最希望的事情就是：把自己拥有的某项才能和自己的名字画上等号。

2. 活学活用书本上的“死知识”

才干型人格男孩之所以做事特别容易成功，最重要的是他们做事时特别讲究方式方法，而且情绪控制力也十分强。此外，在综合能力方面，才干型人格男孩虽然不能像洒脱型人格男孩那样全面，但他们会把自己一两个方面的特长发挥到极致，从而赢得大家的尊重与喜爱。

小时候，我的学习成绩特别好。可我并没有像其他同学那样，“头悬梁、锥刺股”般地苦读。我的学习经验很简单，就是讲究规律和方法。我每天按时睡觉、起床和吃饭。每天放学后，有固定的一个半小时学习时间，剩下的时间就自己安排了。

此外，就是在上课的时候特别认真地听讲。这样，我不但能很好地理解老师讲的做题方法，还会有自己的“新发明”。我在这些细节上下的工夫越来越有效，这也让我对学习越来越有兴趣。如今，总觉得学习就是在娱乐和游戏，不像其他同学那样，把它当成一个“苦差事”。

——山东理科高考状元

从这个案例中我们可以看出，因为讲究方法，又善于总结，所以无论是在生活和学习上，才干型人格男孩的成功都来得较顺利。与激情型人格男孩那种靠激情和拼搏做事的方法不同，他们更愿意花心思研究，用最省力的方式方法做事，并且能长期坚持。

因为已形成了习惯，所以在学习上，才干型人格男孩几乎不用家长做太多的督促工作。

培养方法：才华需要好心情来滋养

家长在对才干型人格男孩进行引导时，一定要明白这样一个道理：孩子最在意的东西如果受到伤害，就会出现很严重的后果。对于视“才”如命的才干型人格男孩来说，父母一定要设法保护他们的心境，让他们将自己的才华进行到底。

1. 教育口诀一：换个角度看待他人的否定与非议

在美国动画片《埃及王子》中，王子摩西在知道自己的父亲——法老国王就是杀害自己和所有希伯来男孩的仇敌时，他的世界全部破碎了，完全失去了理性和才情。虽然他对埃及皇室残酷虐待同族的行径悲愤不已，但他没有设法去帮助和挽救他们。

在失手打死了一个欺负希伯来人的埃及人后，摩西选择了逃避。一个人跑到沙漠里，完全没有了过去的光彩，变成了一个孤独的牧羊人，远离红尘，像一个修士，想完全和过去的自己告别。

最后，在神的启示下，他又重新恢复了自己的自信与法力，拯救了所有希伯来人。

摩西的这一变化过程，对于才干型人格男孩的父母是极有启示的。因为摩西在受到打击时表现出的状态，完全是才干型人格男孩的一个典型缩影。

在现实社会中，许多才干型人格男孩在遇到强烈的打击时，也容易像摩西那样，完全否定自己。此时，父母要像动画片中的神学习，不指责、不怒斥，而是鼓励孩子，帮他们想出具体的办法，排解心中的忧愁，鼓励他们重新找回失去的才华和勇气，循序渐进地锻炼孩子的心理承受力。

比如：在父母的监护下，让他们在半独立的状态下做一些简单的事情；带他们到自己的工作场所去参观，或者去野营等。父母要像老鹰训练小鹰那样，把他们抛到半空中，然后再接住。这样，才能把他们的翅膀摔打得更坚实。

从记事起，我就特别喜欢打乒乓球，而且表现出了特别好的运动天赋，小区的许多大孩子都打不过我。

7 岁时，我考上了全国闻名的北京什刹海体校。要知道，这个学校可是国家及北京市培养青少年体育人才的基地之一，被评为全国高水平后备人才基地。乒乓球世界名将王涛、张怡宁，以及影视明星李连杰等名人都出自这所学校。

进入体校后不到两年，我就夺得了北京市乒乓球比赛少年组的冠军。正当我雄心勃勃向着我的世界冠军梦迈进的时候，不幸的事情发生了。我忽然得了近视眼，而且度数越来越高，医生检查后说是遗传性的，会越来越重，且没有好的解决办法。

不久，我的视力就降到了 0.7，已没有当专业乒乓球运动员的可能性了。离开什刹海体校后，我性情大变。在整个小学阶段，我开始自暴自弃，觉得自己一点长处也没有，做什么都做不好。那段时间，我的学习成绩特别糟。

——北京 ×× 公司职员李亮

在这个案例中，李亮之所以迟迟调整不好自己的状态，和才干型人格男孩的人格弱点是有很大关系的：在遇到挫折和打击时，才干型人格男孩很容易变得浮躁，对自己的能力充满怀疑和否定。

在这个时候，家长当然不能批评指责，而简单空洞的鼓励也是没有任何效果的。最有效的方法就是，帮孩子换一个角度看待自己所遇到的挫折和打击，修炼出淡定的心境。

比如：为孩子寻找新的兴趣爱好点，并帮他们快速取得好成绩，从而恢复信心。还要淡化他们对才艺、特长的重视程度，让他们知道，一个人要想取得成功，有很多方式、很多条路，并非一定要有超人的才艺和特长。

2. 教育口诀二：选择做他们真正爱好的事情

对于才干型人格男孩来说，在最初阶段，他们很难真正爱上自己所做的事，大都是为了周围人的表扬奖励，甚至是督促约束而去做。如果无法取得优异的成绩，他们就会很快丧失兴趣和信心，这对他们的成长是十分不利的。

所以要想办法让他们真正爱上自己所做的事情，而不是强求在短时间内取得成绩、受到表扬，这样他们在做事时才容易产生良性循环。

记得小学五年级放暑假时，父母带着我和几个同事家的孩子去郊外野餐。到了郊外，见几个孩子在写生，我也跟他们一起画。当时，我觉得绘画真是太好玩了，所以特别想去培训学校学习。

从郊外回来的第二天，我就不愿意去少年宫学钢琴了。我对爸爸说："我所有的业余时间都用在钢琴上了，可我一点也不喜欢。我想去学绘画，我太爱画画了，我将来想当画家。"

爸爸说："你从3岁就开始练琴，又得了那么多奖，放弃了就太可惜了！你应该把主要的业余时间都用在这上面。"

想到自己得的那些奖，以及别人对我的赞扬，我又有些犹豫了。

爸爸说："做一件事，要想有成绩，就要专注，就要放弃许多欲望，做出许多牺牲。不然，也做不成大事。"

见爸爸不同意，我只得把心思全用在了钢琴上。没想到，虽然我很刻苦，可此后再也没取得什么成绩，上了高中后，只能选择放弃。

——北京 ×× 大学学生袁涛

在这个案例中，袁涛所回忆的这件小事，是许多才干型人格男孩经常遇到的问题。因为学习模仿能力强，对于自己不喜欢的事情，他们也往往能做得很好，但如果再往深了发展，他们就很难做到出类拔萃了——毕竟，爱好是孩子最好的老师。

所以，对于才干型人格男孩，尤其是那些从小就在某方面显现出天赋的孩子，一定要让他们选择自己真正爱好的事情，父母决不能为了自己的爱好或期望而强迫孩子。

3. 教育口诀三：用平常心淡看自己的才华

在取得成绩后，才干型人格男孩容易骄傲。如果家长引导不好，是很难说服他们保持谦虚低调的。因为在他们看来，自己有骄傲的资本，高调是理所当然的事。

在鲁迅的小说《孔乙己》中，孔乙己沦落到站着喝酒的境地，却舍不得脱去破长衫，原因就在于对自己才华的过度迷恋。这类人，在中国的历史中有无数真实案例，比如李白、刘禹锡、白居易，在才华不被承认后，他们很难保持得之坦然、失之淡然的境界，开始自怨自艾，游戏人生。

所以父母一定要做个有心人，巧妙地利用生活中的小事来点醒才干型人格男孩。

家长要让孩子淡看的是，才华所带来的名利荣辱；要重视的是，才华给人生带来的充实和意义——一个真正有才华的人，他的才华无论能否得到社会的承认，都不会影响他的自信心。

上小学四年级的时候，有一年秋天，我和爸爸到乡下表弟家办事。当时，我的学习成绩特别好，而且得了市三好学生奖，傲气得不得了，动不动就和家里人发脾气。到了乡下，见表弟土里土气的，学习又不好，很是瞧不起他。

表弟家的院子里有一棵特别高的枣树，上面结满了又香又甜的枣子。见表弟猴子一样在树上爬上爬下的，我十分羡慕，便也尝试着往上爬。

爸爸和叔叔家的人见状，都劝我不要爬，表弟还得意扬扬地说，如果我能爬到树上，他一定倒着走路。我被激怒了，使出吃奶的劲往上爬，可就是爬不上去。最后，好不容易爬了不到两米，却摔了下来，场面特别尴尬。

我爬起来，对嘲笑我的表弟嚷道："有什么了不起的，我要是天天爬，会爬得比你还好呢！"

那天晚上提起白天的事，父亲笑着说："由此看来，你也不是样样都比表弟强。得了大奖，就飘飘然了，总瞧不起人，这回受教育了吧。"

从乡下回来后，我的心态很快平和了下来。

——青岛 ×× 大学学生赵白

在这个案例中，赵白的父亲能巧妙地利用生活中的小事引导启发孩子，这种做法是十分有效的：既不打击孩子的自信心，也不易让他们产生逆反心理。因为形象生动，很容易对孩子产生强烈的心理触动，对自己才华的内涵有了新的认识。

实战演练

才干型男孩在生活和学习中有很多特殊的表现，家长教育时偶尔会陷入误区。下面举几个小例子，说明我们提倡的应对方法。你不妨试一试，看看结果与以往有什么不同。

1. 取得成绩后有些骄傲自大，对父母及周围的人没礼貌

批评时要采取提建议的方式，不可“单刀直入”。同时，要在欢乐氛围中提出，不要让孩子感到压力，这样才容易取得比较好的说服效果。

此外，不要用“骄傲”“自大”这些敏感的字眼评价孩子，而是用“高调”“不平和”这样的中性词来表达，以免让孩子反感。

2. 遇到多次打击后，不能很快振作起来将所做的事情坚持下去

向孩子讲明，做事时享受过程的重要性。但值得注意的问题是，对于小孩子来说，“享受过程”是一个很抽象的词语，需要通过很多具体事例的体验才能慢慢感悟，所以不能操之过急。

3. 爱和有才华的孩子攀比，如果比不过，就抱怨家人支持力度不够

让他们说出自己心里的不愉快感受，并努力化解其负面情绪。同时要让

孩子理解：才华有复杂的内涵，在许多时候是没有可比性的。

比如，可以和孩子评价比尔·盖茨与凡·高谁更了不起。

孩子："从我上幼儿园到小学二年级，你一直都在告诉我，世界首富就是比尔·盖茨，持续了13年。老师说过，凡·高生前一直穷得要命，只低价卖出几幅画。谁更有才华，这不是明摆着的事吗？"

爸爸："那我们也不能因此就说凡·高没有才华呀！"

孩子："可是，他的画在他死后才卖上高价呀！"

爸爸："这不正好说明了这样一个真理——金子也有被埋没的时候，才华是没法像卖白菜那样，用秤来量的。"

4. 听不进家长在学习上的批评和建议

先多听听孩子自己的想法，然后再与孩子交流。不要用教训的口吻，而要用探讨的口吻与孩子交流，让孩子觉得父母是在帮他出主意，而不是在下命令。

5. 总想拥有更多的才艺，结果却影响了学习成绩

要劝他们客观对待自己的才能，不要产生自己是"天才""神童"的想法。同时，要举例让他们明白，做事要有主次之分，不能眉毛胡子一把抓，不然将样样通、样样松。

6. 学习成绩下降后，怨天尤人，或者认为自己脑子出了问题

不要空洞地说教，要提出具体的学习改进方案并监督孩子执行。等孩子在学习上取得小进步时，再向孩子证明：他天生就是个聪明的孩子。

PART 5

善良仁爱、爱慕虚荣——仁爱型男孩

仁爱型人格是才华型人格中的一个分类型，这类孩子很活泼，善良、仁爱、内秀，只是有时过于爱慕虚荣，无法发挥出自己的才华。对他们的教育核心点，就是让孩子学会多角度分析问题，不被虚荣所惑，要明白：做真实的自己最快乐。

小测试：你的孩子是仁爱型男孩吗？

完成下面的小测试，观察你的孩子在生活、学习和与人交往时是否经常存在以下行为表现，是的请在前面的□里打√。

□ 1　经常控制自己的情绪，努力保持平和心境。

□ 2　害怕父母不高兴，能积极主动地学习。

□ 3　心境平和，做事经常能控制住自己的冲动情绪。

□ 4　总爱对自己说："不能急，事情总会解决的。"

□ 5　喜欢清新、自然、可爱的着装风格，希望着装的一些小细节能个性鲜明，但整体上尽量与同学保持一致，不希望过于张扬。

□ 6　在做一些重大事情时，缺乏超强的魄力，很容易错过时机。

□ 7　做事时总是力争稳妥，不伤和气。

□ 8　做事前总是很犹豫，在做事的过程中能顾全周围人的利益和面子。

□ 9　在学习和生活中，喜欢平平淡淡、与人为善，不喜欢在人前表现自己才华。

□ 10　在学校和日常生活中，很具有团队合作精神。

如果"√"达到5个或以上，则说明你的孩子有善良仁爱的性格因素。如果"√"没有达到5个，那么你可以跳过这一章。如果有些答案是肯定的，那么本章就值得你继续读下去，并尝试其中的建议与方法。

你的孩子爱慕虚荣吗

善良、活泼、可爱、会沟通、有才华，无论是在学习中还是生活中，仁爱型人格男孩总能让周围的人感觉到春天般温暖的气息，特别惹人喜爱。可他们做人做事时往往流于表面，不爱深入分析，如果家长和老师引导不好，他们容易变得虚荣浅薄，甚至俗气平庸。

仁爱型男孩生活中的小问题：

●个性不足，做事时容易受潮流的影响，人云亦云，无法坚持应该坚持的东西

●不善于发现自己的优势

●容易为了一些虚荣的小事，被他人利用

仁爱型男孩学习中的小问题：

●在学习上过于在意他人的表扬和成绩，不重视自己是否学到了真东西

●不停地学习各种才艺爱好，结果耽误了学习

●在学习时严重偏科，哪科老师管得比较严格就重点学哪科

1. 被虚荣长久压抑住的内秀

在才干型人格的三个分类型人格中，仁爱型人格男孩很少能显示出超凡的才华。一方面是因为他们过于看重一些事情的表面因素，不愿意做深入分析，所以容易把宝贵的精力用在一些浮华虚荣的小事情上；另一方面是因为他们过分压抑自己的天性，这使他们很小的时候就成了小大人，失去了孩子应有的活泼与天真，导致他们与周围人无法建立亲密关系。

有一年，我要做一个大手术，需要住院两个月，而且这个手术危险性很大。因此我总是觉得自己与罗浩要面临一场生离死别，心里忧虑万分：罗浩虽然已经12岁了，可是一点儿也不成熟，过于爱慕虚荣，什么事都和同学攀比，结果连个好朋友都没有。最让我担心的是，他的学习成绩一般。我真担心，自己万一撒手人寰，这孩子会出现大问题。

于是，那段时间，我一下变得像个专业培训师一样，每天都向罗浩激情地讲述着自己的人生体验。也许我的异常表现让罗浩有了不好的预感，有一次，我听见他对他爸爸说："我总觉得妈妈的病是累出来的，她工作太拼命了。我真后悔自己以前做的事，我不再要那些名牌衣服和鞋了！"

此后，他在学习上突然变得努力了，人也一下变得成熟懂事了。

临上手术台之前，我拉着罗浩的手怎么也舍不得放开，罗浩不停地安慰我。

后来，手术做得特别顺利。我出院后，发现罗浩跟换了个人似的，不再和同学攀比名牌，不但学习成绩提高了，还学会了做家务，让我惊喜万分。

——12岁男孩罗浩的母亲

在这个案例中，因一场突然的变故，仁爱型人格男孩罗浩把一直"冷藏"的潜能发挥了出来。原因在于：仁爱型人格男孩属于偏外向的气质类型，所以，虽然他们的潜能被"冷藏"，但并不像中庸型和内敛型人格那样容易有心结，一旦让孩子明白虚荣的害处，他们的潜能还是比较容易被激发出来的。

2. 在同伴中永远充当配角

虽然有才华，在人际沟通时又特别善于把控火候，可在朋友和同学中，仁爱型人格男孩的威望却不高。很多时候，他们总是扮演着配角的角色。而且，因为过于虚荣，不善于深入思考，他们还容易被利用，做出一些糊涂事。

和洋洋妈离婚后，我一直忙着公司的事，所以教育他的事都交给了保姆田娟。也不知怎么回事，洋洋忽然和小区里一个叫大龙的孩子混到了一起。大龙的爸爸是个很有钱的老板，对他特别娇惯，所以这孩子几乎天天逃课，还把自己打扮得跟舞台上的明星似的，到处招摇。

田娟和我说起过这件事，我十分惊讶。因为洋洋一直以来都比较乖巧，学习虽不拔尖，但也在中上等，不用我发愁。

我特别担心洋洋被大龙带坏了，就百般阻止他，可洋洋总口是心非，听不进我的话。他认为，大龙又潮又酷，和他成为好朋友特别有面子。

可没想到，不久后洋洋便给我惹了祸。有一次，他们在游戏厅和一个男孩发生冲突，大龙把那个孩子打成了重伤。洋洋虽然没有打那个男孩，但因为是参与者，也受到连累，被学校除了名。

——13 岁男孩洋洋的父亲

在这个案例中，仁爱型男孩洋洋之所以会和“坏孩子”混到一起，家里管教不严只是一方面。更重要的是洋洋过于爱慕虚荣，看重伙伴身上那些可以到处招摇显摆的东西，在和他们交往时缺乏判断力。

“仁爱型”男孩的善良仁爱

多数父母都容易对仁爱型人格男孩产生一种错觉，觉得他们应该分在中庸型人格的大类别中，而不是偏外向的才干型人格类别。

的确是这样，在许多方面，仁爱型人格与中庸型人格当中的亲和型、阳光型人格有许多类似之处：善良、和平、谦让等。

但如果家长细心体会就会发现，在与他人的沟通上，仁爱型人格男孩还是十分外向积极的。如果家长引导得好，他们在做事时也很容易产生很强的爆发力，就会看见他们人格当中偏外向的一些特点。

1. 小伙伴中的“润滑剂”

对于仁爱型人格男孩，在许多时候，人们会产生这样一种误解：他们像洒脱型人格男孩一样，总是戴着人格面具，“装得”那么善良可爱。可实际上，他们不是在装，之所以能很好地调节伙伴间的关系，最重要的还是他们良好的沟通力——他们的情绪控制力好，不急躁，又善于表达。

我和两个哥哥家生的都是男孩。3个男孩年龄相仿，按理说，如果聚到一起，肯定会“大闹天宫”，可他们3个在一起却特别和平——因为建安起到了“双面胶”的作用。如果他不在，另外两个男孩在一起玩的时候，很快就会“战火连绵”。

有一天晚上，我让建安换睡衣，他说什么也不换，我抓起他的胳膊仔细一看，才发现他受伤了，上面青一块紫一块的。在我的逼问下，建安才说出实情：“是两个哥哥抓的。”

我说：“那你为啥不告诉我呢？”

建安却像什么都没发生似的说：“是他们俩要打架，让我劝开了。”

自那以后，两个哥哥有了矛盾，总是愿意找他去调节。弟弟给比自己大的哥哥做调停人，真让我感到惊讶！

——11岁男孩建安的母亲

在这个案例中，建安的母亲也一直没弄明白，儿子为什么有如此好的调解能力。她一直以为是孩子能说会道，其实这只是孩子的优点之一。更重要的是，他在调解他人的冲突时，能做到感性与理性完美融合。既不是一味地讲大道理，也不是一味地煽情，所以总是能做到让小伙伴心服口服。

2. 爱思考，善创新

仁爱型人格男孩做事特别注重细节，力争做到完美。与中庸型和内敛型中的七类男孩不同的是，他们不是一味地沉溺在自己的世界里闭门造车，而是不断地和他人交流学习，然后再进行创新。

同时，仁爱型人格男孩的模仿能力十分强。他们如金庸小说中练就了吸星大法的武林高手一样，在学习和生活中，能不断地吸取他人的优点和长处，从而对自己的能力进行调整创新。其他人也因为他们善良仁爱而愿意帮助他们，使得他们的才华和能力一直高出同龄孩子一大截。

齐辉上幼儿园时就比较喜欢给伙伴们讲故事。上小学一年级，他给小朋友讲故事时，就能把普通话说得特别标准，而且绘声绘色的。最难得的是，他总能把一些很复杂的故事讲得特别有条理，还能总结出中心思想。

周围的朋友都很奇怪，以为我给他报了播音主持类的学习班。其实根本不是这样。上幼儿园时，齐辉还不认字，许多故事是从电视里学来的。有时，他边看电视边模仿里面的人物说话，没几遍，就特别神似了。我和他爸爸都特别骄傲，总是鼓励他去模仿。

当时，我总对他爸爸说，孩子将来可能像他一样，成为一个优秀的中学老师。但我没想到，他竟然成了一位教授，讲课时，不但内容新颖独到，而且声情并茂，特别吸引人。我想，这和他小时候爱模仿电视人物有很大的关系。

——×× 大学教授齐辉的母亲

在这个案例中，齐辉和许多小孩子一样，爱模仿电视中人物的言行，但有所不同的是：他模仿后还会拿来实践——给小朋友讲故事，同时对内容有总结发挥。这就足以证明，他思考过模仿的故事，真正做到了内容和形式的完美结合。这与仁爱型人格男孩爱思考、善总结的天性有很大的关系。

培养方法：帮孩子找回自己的真性情

因为善于表达和沟通，仁爱型男孩从小就能受到较多的赞扬。而且他们自我克制力较好，不像激情型的三类男孩一样，爱给大人惹祸，家长对他们是极为放心的。但他们有爱慕虚荣的弱点，如果父母引导不好，就容易滑向另一个负面：缺乏魄力，做事无恒心和耐力，无法发挥自己潜能。

1. 教育口诀一：改变生活环境，就容易改变他们的小缺点

在动画片《冰河世纪》中，长毛象曼尼是一个典型的仁爱型人格男孩。他心地善良，对朋友真诚。最重要的是，他和所有仁爱型人格男孩一样，不知道自己身上有着潜在的才华与能力，做事有些不自信。其内在的原因是：他的父母被人类杀死，他又与同伴失散，所以他的性格有些古怪，而且不大愿意和人交流。但与乐观开朗的树懒希德交往后，他很快恢复了自己人格中积极阳光及善于沟通的优势，从父母惨死的阴影中走了出来。

因为偶然的机会，他和树獭希德一起照看人类的婴孩罗珊。两人共同努力，战胜了雪崩、饥荒、熔岩喷发，最后他们终于圆满地完成任务，把罗珊交给了她的父母。

由此可见，要想改变仁爱型人格男孩，只要改变环境就可以了。因为仁爱型人格男孩模仿能力超强，是很容易受周围环境影响的。

我是在体委大院长大的，一直到8岁，我从没想过，除了当运动员，我还能做什么。可让我难过的是，我的身体素质很一般，在和院子里其他男孩的竞争中，总是处于劣势，他们还给我起了个外号叫“黄豆芽”。为此，我特别自卑。

9岁那年，爸爸离开了体委，到一家公司上班，我们也离开了体委大院，到了一个新的小区生活。与以往不同的是，这个小区的孩子几乎都不太喜欢体育，业余时间全都被父母安排去小区附近的英语班学习。于是我也报名参

加了英语班。

这个英语班是一个香港人办的，教学方法特别活泼，经常让我们用英语演小品、话剧，还带我们去大使馆探望国外家庭的孩子……大家在那里学习得特别开心。

慢慢的，我越来越喜欢英语，英语成绩也越来越好，不断地在全国各种大型的英语比赛中获奖。英语给我带来的变化是神奇的，不但学习成绩提升了，人也变得越来越自信。

——北京 ×× 外企高管董坚

从董坚的案例我们可以看出，改变环境就可以对仁爱型人格男孩进行潜移默化的教育。环境改变后，只要父母能积极引导，仁爱型人格男孩大都会轻松接受这种变化，这种改变不会伤害他们的自尊心，父母也不用过于操心，十分有效。

2. 教育口诀二：多让孩子自己拿主意

为了让男孩不被浮华和虚荣的琐事干扰，培养出坚定的品格，许多父母都采取“重压”的办法。这种方法对于激情型的三类男孩是较合适的，但如果用在才华型的三类男孩，尤其是仁爱型男孩身上，显然不合适。

主要的原因在于：仁爱型人格男孩之所以缺乏坚定的品格，是因他们被一些浮华的事情所干扰，没有发现自己的潜能和才情，所以在遇到困难时，很容易缺乏主见。如果父母帮他们找到自己的闪光点，他们能很快看透浮华背后的真相，静下心，把一件事情做深做透，让周围的人刮目相看。

从小学一年级起，我就特别希望自己能当校广播室的播音员，在学校进行各种文艺会演时，我能成为一个光彩夺目的主持人。可我从来也没尝试过，我总觉得自己声音小，做不了主持人。

上六年级时，有个同学过生日，在他家吃饭的时候，大家都要对同学说一段生日祝词。别人大都只说了几句，我却自然优雅地说了一大段。说完后，大家热烈地鼓掌，夸我说得好。

同学的妈妈对我说："我看，涛涛很有主持人的天赋，应该好好培养。"

回到家，我和父母讲了这件事，他们都没在意，只是淡淡地笑了笑说："男孩子搞文艺没什么大发展，还是好好学习吧。况且，你说话声音那么小，不太适合走这条路。"

此后，我再也没有提起过做主持人的事，一直苦学奥数，希望能在全国比赛中获奖。这样，不但在同学中有面子，高考时也能加分。其实在内心深处，我是不喜欢数学的，所以最终也没考出什么好成绩。

后来我长大后，接触了一个主持人，他一直夸我声音好，不做主持挺可惜的，我说："小时候也想过。可有不少人说我声音小，我就没再想过走这条路。"

那位主持人惋惜地说："这根本不是什么问题，通过科学练习后，声音是完全可以变大的！"

听了他的话，我心里特别惋惜难过。

——北京 ×× 公司职员任涛涛

从这个案例我们可以看出，在自己的理想爱好受到打击挫折时，仁爱型人格男孩大都不太愿意坚持、抗争。这样，他们就很难发现自身潜在的才华，白白错过许多机遇。

在这方面，父母一定要做个有心人，除了自己对孩子有一个客观的分析判断外，也要多听一下周围人对孩子的评价，有条件的还要向专家咨询。这样，才能真正发现孩子身上的闪光点，不错失机遇。

3．教育口诀三：让孩子学会从多个角度分析问题

仁爱型人格男孩容易爱慕虚荣，经常做一些糊涂事。所以父母在教育引导时，除了要鼓励、督促外，还要善于帮他们分析问题，找到问题的症结。

对于有才华又善于理性分析的仁爱型人格男孩来说，如果家长能把问题的正反两方面都认识清楚了，孩子就不容易产生畏惧心理，会自己慢慢养成敢挑战、爱拼搏的好习惯，使自己的才智得到更好的发挥。

上小学四年级的时候，有一次，我的同桌周宇把家里人给他的500元压岁钱弄丢了。他的钱是下午丢的，当天上午，他曾拿出他的钱，让我帮他看过真假。所以，周宇发现钱丢了，马上就问我看见没有。

在20世纪90年代初，500元已是很大的一笔钱了。所以他一问我，我心里就特别慌，结结巴巴的不知说什么好，周宇和同学们便开始怀疑我偷了钱。

到了家，我心里慌乱不堪，像得了病一样。在母亲的再三追问下，我才说了这件事。

母亲说："你动过他的钱，又是他的同桌，周宇问你是很正常的。这时候，你不能胡思乱想，而是帮他分析，看钱到底会丢到哪里。这样既帮了周宇的忙，也减少他和同学们对你的怀疑。"

最终，周宇的钱也没找到。为此，我的心里好多天都觉得不舒服。不过，这次特别不愉快的经历却让我深深记住了母亲的话，遇到棘手的事情时一定不要慌乱，要理性分析，从多个角度来分析解决问题，这样才能找到最佳的应对办法。

——上海××大学学生王林

在这个案例中，出现问题后，王林的母亲及时给孩子做出了正确的引导，所以对孩子一生的发展都产生了积极正面的影响。

之所以要重点培养仁爱型人格男孩的分析能力，最重要的原因是他们容

易受他人的情绪左右，做事时过于看重他人对自己的评价和感受，很容易盲从。所以，父母要从小事入手，帮孩子慢慢养成习惯。

实战演练

仁爱型男孩在生活和学习中有很多特殊的表现，家长教育时偶尔会陷入误区。下面举几个小例子，说明我们提倡的应对方法。你不妨试一试，看看结果与以往有什么不同。

1. 个性不足，做事时容易受潮流的影响，人云亦云，无法坚持应该坚持的东西

父母要想办法引导孩子，帮他们培养能开发自身优势的兴趣、特长。但不能操之过急，可以在游玩、亲子活动、旅行等过程中潜移默化地进行熏陶和影响，慢慢改变孩子。

2. 不善于发现自己的优势

要通过具体实例剖析孩子身上的优点，同时进行有针对性的鼓励与赞赏。让孩子能清晰地感受到，他们身上真实地存在着你赞赏的品质。这一教育方式要形成习惯，做到每周至少三次。

比如，孩子见班里同学在市里的歌唱比赛中获奖，上了电视，就想放弃跆拳道的学习，改学声乐。父母就要和他们这样沟通：

妈妈："妈妈知道你爱唱歌，而且唱得也不错。但跆拳道也是你一直喜欢的特长，而且我觉得你对唱歌的喜欢程度没有跆拳道深。妈妈担心你只是一时心血来潮，如果进行专业的唱歌训练，怕是很难坚持下来，最好能当成业余爱好。"

孩子："唱歌可以成为大明星，挣钱多又神气，跆拳道有什么前途？"

妈妈："是否成为大明星并不重要，重要的是你是否打心眼里喜欢。你

很小就在跆拳道上表现出超强的天赋，得了很多奖。最重要的是通过练习让身体素质变好，无论做什么事，都显得特别聪明灵活，尤其是演讲时，说话既洪亮又好听。”

孩子："是呀，昨天老师还夸我呢……"

3．容易为了一些虚荣的小事，被他人利用

暗中观察孩子的言行，出现不好的苗头时，要及时提醒或制止。在提醒时，话只说到三分即可，给孩子留下思考和领悟的空间。

4．在学习上过于在意他人的表扬和成绩，不重视自己是否学到了真东西

对周围的孩子进行评论时，不要把学习成绩作为优秀与否的唯一标准。假期里要多带孩子参加社会实践，让孩子学会应用自己所学的知识和技能。

5．不停地学习各种才艺爱好，结果耽误了学习

给孩子多讲一些名人成功的曲折经历，让他们明白成名的艰辛。同时，找专业人士帮孩子分析一下他们的核心优势，然后对他们的才艺爱好进行筛选，优中选优。

6．在学习时严重偏科，哪科的老师管得比较严格就重点学哪科

不要用训斥的口吻强行干预，而要通过各种途径，了解老师在学生管理中存在的问题。通过班主任、家委会一起努力，改变老师身上存在的问题。此外，要通过暑期的各种夏令营或实践活动，培养孩子对各个学科内容的兴趣。

PART 6

坚韧顽强、倔强固执——坚韧型男孩

坚韧型人格是才华型人格中的一个分类型，这类孩子性格活泼，做事时坚韧顽强，能把事情做得特别完美，只是有时过于倔强固执，人缘不太好。对他们的教育核心点，就是让孩子做事时能细心观察，学会应变，要明白：学会变通，内心才能更强大。

小测试：你的孩子是坚韧型男孩吗？

完成下面的小测试，观察你的孩子在生活、学习和与人交往时是否经常存在以下行为表现，是的请在前面的□里打√。

□ 1　做事时，在多数情况下自我控制力都很强，能赢得周围人的信赖。

□ 2　不用父母督促，在学习上能经常保持勤奋、坚韧的态度。

□ 3　“牛脾气”上来时，朋友们都很害怕。

□ 4　总爱对别人说：“坚持一下就胜利了！”

□ 5　喜欢颜色明快、给人感觉很踏实可靠的着装风格。

□ 6　接纳新观念、新事物时比较谨慎，从不轻易冒险。

□ 7　平时为人很谦和、低调、有亲和力，但有时会突然因为一些事情发脾气。

□ 8　做事十分认真，爱坚持原则，不太会变通。

□ 9　做事喜欢坚持到底，不太考虑要付出多大代价。

□ 10　性格很倔强，撞了南墙也不回头。

如果“√”达到5个或以上，则说明你的孩子有坚韧顽强的性格因素。如果“√”没有达到5个，那么你可以跳过这一章。如果有些答案是肯定的，那么本章就值得你继续读下去，并尝试其中的建议与方法。

你的孩子倔强固执吗

在生活和学习中，坚韧型人格男孩如同老黄牛一般，十分有韧性。不管成败荣辱，都能坚持自己所做的事情，他们小小年纪就懂得享受做事过程带来的快乐。但如果父母和老师引导得不好，他们的这份耐心与坚持也容易演化成固执与任性，只顾埋头拉车，不看前方路线，很容易摔跟头。

坚韧型男孩生活中的小问题：

●喜欢和大人沟通，但在沟通时总是不假思索，口无遮拦，让周围的人很不舒服

●做事爱钻牛角尖，容易与朋友和家人产生误解

●遇到挫折打击时，不善于总结经验，容易反复犯同样的错误

坚韧型男孩学习中的小问题：

●对老师不礼貌，背地里给老师起外号，编老师的段子或笑话

●无法适应老师的更换调整，成绩和情绪都会受到较大影响

●不接受新的、更科学合理的学习方法，坚持以往不科学的老习惯，比如过度熬夜、临阵磨枪等

1. 撞了南墙不回头

在学习或生活中，因为对自己所做的事情过于执著，又怕承认自己错了后丢面子，坚韧型人格男孩容易固执己见，不愿意改变自己的错误观念。同时，因为善于表达，他们也能利用自己的聪明才智和对方辩论，让对方找不到更有力的说辞，甚至会败阵而归。

上初二时，一个偶然的机会，在同桌赵旭的鼓动下，李腾开始吸烟。我知道后，如同大难临头一样，特别生气，对他说吸烟会影响他生长发育，想逼着他戒烟。

李腾狡辩说："我都快长到一米八了，不可能再长个了，怎么就影响发育了？"

我说："你还没成人，抵抗力还不强，抽烟后容易生病的。"

李腾不耐烦地说:"爱生病的人,不抽烟也爱生病。两者没有必然的联系。"

我说："怎么没有？你没看全世界都在提倡戒烟吗？"

李腾说："哪有那么多两全其美的事？吃肉吃多了还得高血脂呢！"

我说："你还没成年，就是不能抽烟。有百害无一利的东西，你为啥非要坚持呢？"

李腾说："抽烟提神，能让我集中精力做事，怎么就没好处？要不为啥几乎所有的男人都抽烟？"

就这样，李腾一点也听不进我的话，一直也没能把烟戒了。在学校里，总是背着老师偷偷地抽。

——13岁男孩李腾的母亲

从这个案例中我们可以看出，在做事时，坚韧型人格男孩十分有主见。他们觉得好的东西，家长和老师就很难说服——孩子虽然说话不多，却能抓到重点，让家长和老师难以驳倒他们。

此外，坚韧型人格男孩做事容易认死理、钻牛角尖，家长如果想强行改变他们，就很容易跟他们发生冲突。在学校里也是这样，有的老师想采用体罚的方式强行让他们改变做法或想法，但大多数情况下都不会有什么效果。

2. 无理辩三分

因为爱面子，又比较爱辩论，所以坚韧型人格男孩与周围的人发生冲突时，很少能被说服，而且出言不逊，很容易对周围的人产生伤害。

有时，他们内心虽然承认错了，但嘴上不会表现出来，让亲朋特别头疼。

在斌斌 11 岁时，他跟一个邻居学会了下围棋。有一次，他参加了市里中小学生围棋比赛，获得了第 30 名。

虽然也不是多好的成绩，可受此鼓舞，斌斌却想到市里的围棋学习班学习，慢慢成为专业围棋选手。

我和丈夫都不希望他报这个学习班。一方面，斌斌从小身体就不好，8 岁那年得了一次慢性肺炎，此后就一直没有痊愈，经常容易复发。学习围棋很耗费精力和体力，影响他的学习，我们也担心他的身体吃不消。另一方面，我们发现，斌斌对围棋的兴趣并不是很浓，只是喜欢参赛得奖、得到大家的赞扬而已。

可无论我们如何劝说，斌斌都坚决宣称自己一定要成为专业棋手。

我说:“你现在才是业余 30 段，要升到业余 5 段，才有资格参加专业比赛。你今年都 11 岁了，起步有点晚了！”

斌斌却说 :“只要我努力，就一定能成功！”

我劝慰道 :“妈妈也相信你能成功。可这个领域竞争太激烈了，每年能够成为专业棋手的名额只有 20 来个。最近几年报名的人数却上千，录取的比例是千里挑一，竞争太激烈了。现在，全国在册的专业棋手也只有 461 人，可见这个行业很不容易成功。还是把它当成一个业余爱好比较好。”

斌斌却说 :“有志者，事竟成！”

我说 :“你身体不好，肺炎总是复发。你那么爱打羽毛球，妈妈希望你业余时间多坚持这个爱好，把身体练好，这才是最重要的事。”

斌斌摔门而出，边走边对我嚷道 :“打羽毛球更难练成专业选手，还不如学围棋！”

——11 岁男孩斌斌的母亲

在这个案例中，斌斌妈妈本想说服孩子，却出现了“鸡同鸭讲”的尴尬局面。当然，这并不是说斌斌有“沟通障碍”，实际上，还是因为他不愿意轻易改变自己的兴趣爱好，坚守自己固执的想法——尽管他也不知道这些东西是否值得坚守。

坚韧型人格男孩是才干型和内敛型人格的混合体，所以，他们有内敛型人格当中“闷”的成分，但这并不是他们的主要人格特征。之所以如此爱坚持自己的想法，没理辩三分，也是和才华型人格的基本特点有关系：他们过于在意自己的才华，不想轻易改变，以免变中生错。

“坚韧型”男孩的坚韧顽强

对于男孩子来说，坚韧顽强、遇到挫折不回头，是家长和老师们喜欢的个性，而坚韧型人格男孩恰好拥有这一优点，他们从小就十分具备男子汉的风范。

1. 做事时能全情投入

在情绪控制力上，坚韧型人格男孩要比才干型和仁爱型人格男孩更胜一筹。所以，对于下决心要做的事情，坚韧型人格男孩会全情投入，而且不容易受到外界的干扰，有一种咬定青山不放松的坚韧与专一。所以，在生活和学习上，他们总是能创造许多奇迹，让周围的人感动、赞叹不已。

小时候，新新的身体特别不好，经常生病。记得上小学时，他总是三天两头请假，学习受到很大影响。后来医生告诉我，最好让他坚持游泳，提高身体的抵抗力，这样生病的次数就会减少了。于是，从小学一年级起，新新便坚持每天游泳。

游泳是一项很枯燥的运动，孩子们偶尔去玩一下还可以，却很难迷恋上这项运动，做到“冬练三九，夏练三伏”。新新却做到了，而且也不用我们督促。对这孩子表现出的超强意志力，我和他妈妈都十分震惊。

上小学三年级时，新新的身体就已练得很好了。市体校的一个教练见他身体条件这么好，又这么刻苦，就把他招进了体校，成了专业运动员。

——13岁男孩新新的父亲

俗话说：机会总青睐那些有准备的人。用这句话来形容坚韧型人格男孩是十分贴切的。在该案例中，新新从一个小病号转变成一个专业运动员，所依靠的不是天资，更多的还是他的刻苦与勤奋。

在许多时候，坚韧型人格男孩不愿意过多地袒露心迹，许多父母便误认为自己的孩子是内向型人格。其实，坚韧型人格男孩是偏外向的人格类型，他们在人际交往上还是特别擅长的。在许多时候，他们之所以不愿意过多地表白，是因为他们觉得说太多的漂亮话是没有用的，实力要用汗水来证明。

2. 把事情做到完美至极

坚韧型人格男孩虽然有才华，但不像才干型人格男孩那样才华耀眼，也不像仁爱型人格男孩那样性情好得有口皆碑。在许多时候，他们的才华是不大容易被人发现和承认的，原因有两个：第一，他们不爱张扬，才华不显山露水；第二，他们有着超强的耐心与坚持力，抓住一件事情后，总能深入下去，把事情做得无比细致完美。同时在这个过程中能战胜巨大的困难，出人意料地取得出众的成绩。但他们所用的时间较多，与才干型和仁爱型人格男孩形成较大反差，所以周围的人会觉得他们只是刻苦，不属于天才型孩子。

在小学四年级时，我得了一种慢性病，要经常到医院治疗，所以耽误了学习，成绩一直比较差。病好后，父母都希望我能留一级，可我却坚决不同意。表哥学习成绩特别优异，和我们住在一个小区，又和我在同一个学校的同一年级上学，所以妈妈希望他能经常过来辅导我。可无论母亲怎么邀请，表哥都不来帮我，还说我脑子笨，辅导也没用。

当时我特别生气，对表哥发下狠话说："我只是得了病，成绩才不好的。

你有什么了不起？终有一天，我的学习成绩会超过你！”

为了实现这个愿望，我开始努力学习，提高自己的成绩。可一年过去了，我的成绩依然没有超过表哥。我没理会表哥和亲友们的风凉话，继续坚持锻炼身体，努力学习。又过了一年多，我的成绩不但超过了表哥，还成为全年级的第一名。

可此时，大家好像都忘记了我当初对表哥发出的挑战书，我没有得到任何喝彩和掌声。

——12岁男孩庞礴

从这个案例中我们可以看出，在许多时候，家长们总是容易忽视坚韧型人格男孩身上最闪光的地方——持之以恒。在我们的教育文化中，过于看重孩子的天资、天分。殊不知，持之以恒是一个人情商中最重要的组成部分，也是一个男孩将来成就大事业的必备品质。

培养方法：学会变通，内心才能更强大

虽然坚韧型人格男孩也属于偏外向型人格，但许多时候，他们的灵活性和变通能力要比才干型和仁爱型人格男孩差一些。所以家长要有耐心，坚持对他们进行教育引导，防止他们形成固执己见的性格倾向。

1. 教育口诀一：帮孩子打破旧框框，找准突破口

在美国动画片《机器人总动员》中，导演通过机器人瓦力这一动画形象，充分展示了坚韧型人格男孩的优势：执著、专一、有才气等。动画中许多小细节都设计得特别传神，对坚韧型人格男孩的父母有着极好的启示作用。

片中，机器人瓦力像所有坚韧型人格男孩一样，有着超强的坚持力。他按照人类的程序夜以继日地清扫垃圾，拯救被人类破坏得无法居住的地球。几百年过去了，所有的机器人都已不再清理那些永远清理不完的垃圾了，只

有瓦力没有放弃。

墨守成规的瓦力之所以能让自己的生活发生改变，有一个重要的原因是：他在反复观看歌舞片《你好，多莉！》时，被里面美好的爱情所打动。所以当伊娃来到地球时，他便改变了自己固定的工作程序。伊娃去了人类居住的真理号太空船，开始了新生活。他保护住了地球上最后一棵绿色植物，并机智地和伊娃、船长一起战胜了中央电脑亚当，启动绿色程序，让飞船重返地球。

在现实生活中，许多坚韧型人格男孩不可能像瓦力那样幸运，遇到“天上掉下来的林妹妹”，一下顿悟人生。这个重任，还得靠父母及老师潜移默化地影响孩子，让他们明白：在学习和生活上，要经常更换旧程序，而不能一味地坚守那些过时的东西。

周飞是个脾气特别固执的孩子，他犯了错后，周围的人是很难说服他的，他也几乎从不承认自己有错。说服不了他，我就开始惩罚他，比如罚他抄生字、做家务什么的。可时间一长，我发现这种惩罚并不见效，其实最好的方法，就是让他为自己所犯的错误承担后果。

有一次，他把新买的滑板弄丢了，我对他的惩罚就是：在短时间内不再给他买新滑板。

我对他说：“你太马虎了，和同学去买冰淇淋，也不拿着滑板，没有一点防范意识，更不知道珍惜东西。所以，爸爸决定不再给你买新滑板了，你要为自己所犯的错误承担后果。”

周飞特别生气地说：“可我不是故意的！”

我说：“爸爸妈妈已叮嘱过你好多次了，在外面玩时，要看管好自己的东西，你总是不往心里去。你想想，这段时间，你都丢了多少东西了？”

周飞说：“我刚有点进步，如果再坚持练习几天，就能学会滑了，我真的不想中断练习。”

我说：“可是，一个人做错了事，就是要承担后果的。如果爸爸不给你这个惩罚，你没有接受教训，今后还是不注意爱护东西。”

见我这么说，周飞不再说什么了，乖乖地向我承认了错误。

——9岁男孩周飞的父亲

由此可见，对于聪明智慧的坚韧型人格男孩来说，空洞的说教是没有用的。父母不要试图靠大道理说服他们，改变他们原有的生活和学习“程序”，而是要靠感性的方式影响他们。比如：带他们去看有意义的电影、演出，给他们讲述自己儿时的趣事，或者工作当中的新鲜事等。

这种方式的优点在于，父母只是引导孩子走他们该走的路，至于怎么走，让孩子自己动脑筋。这样既不伤孩子的自尊，又可以发挥出他们的潜能。

2. 教育口诀二：在关键时刻懂得应变

俗话说，摸着石头过河。意在告诫大家，对于自己还没有十成把握的事，一定要谨慎，发现问题后，要懂得变通，及时修正应对策略。对于坚韧型人格男孩来说，他们就不太在意这样的告诫。在他们看来，只要坚持，多难走的路都能走得通。

所以，父母在对坚韧型人格男孩进行教育时，一定要告诫他们：做人做事，在关键时刻一定要懂得应变，善于自保，不要有赌博心态。这样才能争取到东山再起的机会。

有一年暑假，爸爸上班去了，妈妈出去烫发了，我一个人待在家里。快到晚上时，表叔从外地来我家了。

我5岁的时候见过表叔，可几年没见就认不出来了。我躲在门后，从猫眼里看了大半天，出于谨慎，既没出声也没给他开门。之后，我马上给爸爸打电话，想验证一下情况，结果爸爸在开会，手机调成了无声，我打了半天也没打通。更让我郁闷的是，那天，妈妈的手机没电了，也打不通。

一个小时后，表叔终于打通了爸爸的电话。爸爸又赶紧往家里打电话，让我给表叔开门。

爸爸回家后，批评我不懂礼貌，大冬天的，让表叔在走廊里站了两个多小时。

我委屈地说："妈妈告诫过我，我一个人在家时，来了陌生人一定不要开门！"爸爸说："你怎么不动脑筋呢？他是咱们家亲戚，你和他攀谈几句，不就知道他的底细了吗，何必那么教条呢？"

听了爸爸的话，我心里十分惭愧。以后，如果遇到难题或挫折时，我总是会想起这件事，并告诫自己：要会变通，不能"认死理"。

——上海 ×× 大学学生任卫

上面这个案例虽然说的是一件很小的事情，却足以看出坚韧型人格男孩的人格弱点：因为不懂变通，大有"宁可错杀一千，不可漏网一人"的势头。

有些父母觉得，坚韧型人格男孩的这种人格表现没什么不好的，是"理性""有头脑"的表现。也许小的时候，这种"认死理"的毛病还没什么太严重的负面后果，可如果将来工作了，就会出现许多大问题。毕竟，在工作时，每个员工都要努力做好执行工作，如果事事较真、不懂变通，是没办法和他人正常合作、把工作做好的。

所以，在这方面，家长一定要积极引导，在教育时，要结合孩子所做的事，简要而清晰地分析指导。这样，时间久了，孩子自然会有很大的转变。

3. 教育口诀三：帮孩子练出超凡的洞察力

我们有时会从媒体上看到这样一些让人心惊肉跳的报道："大学男生被室友投毒害死""大学生放假后没回家，身陷传销组织"……许多父母都会觉得奇怪，这些男孩能考上名牌大学，为何自我保护能力如此之差呢？其实，主要原因就在于他们缺乏对人与事的洞察力。这类男生中，坚韧型人格男生占的比例最大。

现在，许多父母都容易忽略对孩子洞察力的培养，这是十分失策的。实际上，在孩子长大后，洞察力对他们事业成败的影响是十分重大的，因为洞察力是一个人分析和判断的基础。一个人是否成熟，洞察是一个重要标准。

许多时候，因为缺乏洞察力，坚韧型人格男孩总是发现不了世事人情的变化，固执地按自己原有的经验去分析人与事。最后不是面临失败，就是把事情弄得不可收拾。

锦华上小学四年级时，班上来了一个叫胡锋的同学，和锦华同桌。没多久，他就和锦华混熟了。有一次，他对锦华说，他父母都下了岗，家里特别困难，希望锦华能借给他一些钱。

锦华说起这件事情时，我就提醒他说："好朋友要互相帮助，这是理所当然的事，可也要量力而行。你是个小孩子，自己还不能挣钱。"可锦华觉得，既然是知心朋友，就应该帮助胡锋，便借给了胡锋200元。

可没过多久，胡锋又接二连三地向锦华借钱，我劝他说："朋友间要讲诚信，之前借的钱还没有还，就借第二次、第三次，这孩子的思想肯定有问题。"可锦华还是没听进去，觉得胡锋有难处，自己就得帮助。结果，没过几个月，他自己攒的压岁钱和零用钱就都给借没了。

之后，胡锋便不理锦华了，和别的孩子成了"好朋友"。

——10岁男孩锦华的母亲

在上面这个案例中，坚韧型人格男孩锦华的遭遇，并不是个偶然事件。胡锋之所以能把他所有的钱都骗走，主要原因是锦华缺乏洞察力，一味地坚持死理：觉得"好朋友"就要两肋插刀，丝毫不去想这件事的诸多疑点，而且也听不进父母的劝告。

所以，父母对坚韧型人格男孩进行教育时，一定要把自己积累的一些人生经验告诉他们，比如：一个人不停地摸下巴或鼻子，极有可能是在说谎……这些东西虽然很感性，但对培养孩子的洞察力却十分有好处。

实战演练

坚韧型男孩在生活和学习中有很多特殊的表现，家长教育时偶尔会陷入误区。下面举几个小例子，说明我们提倡的应对方法。你不妨试一试，看看结果与以往有什么不同。

1. 喜欢和大人沟通，可在说话时总是不注意分寸和措辞，让周围的人很不舒服

提醒孩子，让他在说话时不要一味地只图自己痛快，而要注意观察对方的表情和眼神。如果对方有反感表现，一定要变换说话方式或内容。

比如，孩子的小姨离婚了，正和妈妈诉苦，孩子却插嘴说："你就别再想我小姨夫了，前几天我看见他的新女朋友了，比你年轻漂亮！"这时，妈妈就要把他拉到没人的地方，这样教育他：

妈妈："小姨离婚了，本来就很难受，你还说小姨夫的新女朋友比她年轻漂亮，她能不伤心吗？"

孩子："可我说的是实话，也是想安慰她。"

妈妈："你心是好的，可要注意说话的方式。本就不该说：'你就别再想我小姨夫了，前几天我看见他的新女朋友了'。你说了后，见小姨妈脸上的表情已经很不高兴了，就应该打住，不能再说了，可你一点也没注意小姨的表情。"

孩子："我没注意看。"

妈妈："以后和别人说话时，一定要注意人家脸上和身体上的反应，不然就特别容易成为一个让人厌恶的孩子。"

2. 做事爱钻牛角尖，容易与朋友和家人产生误解

不要将事态扩大化。要先了解情况，理解他们内心的感受。然后帮助孩子清晰通俗地说一下他们要表达的内容，把复杂的事情简单化，以便他们能透彻地理解他人的真实想法和感受。

3. 遇到挫折打击时，不能总结经验教训，往往在一个地方跌倒多次

理解孩子的心情，不要打击挖苦他们，更不要把他们往坏处想，而是经常做一些善意的提醒。但这些提醒要用启发的方式，父母只挑明观点，让孩子自己思考应对的办法，以此锻炼他们的分析思考能力。

4. 对老师不礼貌，背地里给老师起外号，编老师的段子或笑话

让他们学会面对冲突与矛盾，正面地和老师沟通，委婉艺术化地表达自己的想法。

5. 无法适应老师的更换调整，成绩和情绪都会受到较大影响

努力让孩子认识到自己弱点的根源，以及会带来的麻烦。让他们从心里产生动力，努力自我调控情绪。

6. 不接受新的、更科学合理的学习方法，坚持以往不科学的老习惯，比如过度熬夜、临阵磨枪等

孩子有学习意识就是件好事，所以不要以批评的口吻劝孩子，更不能为此同孩子产生正面冲突。最好与孩子的好朋友沟通，让他们旁敲侧击，帮助自己一起改变孩子。

PART 7

平和机智、敏感多疑——亲和型男孩

亲和型人格是中庸型人格中的一个分类型，这类孩子性格沉静，做事温和懂事，特别有预见性，只是有时过于敏感多疑，缺乏魄力。对他们的教育核心点，就是让孩子做事时能放开手脚，敢想敢做敢承担，要明白：不处处给自己设限，才会飞得更高。

小测试：你的孩子是亲和型男孩吗？

完成下面的小测试，观察你的孩子在生活、学习和与人交往时是否经常存在以下行为表现，是的请在前面的□里打√。

□1　喜欢相安无事的生活，不爱竞争，学习时只使出七分能力。

□2　在学习上不需要父母太多操心，但遇到困难后，总是迟迟调整不好状态。

□3　爱开玩笑，面部表情总是很丰富。

□4　总爱说："感谢上帝，不出问题就好。"

□5　喜欢朴素、精致、很有情调的着装风格。

□6　做复杂艰难的事情时，缺少耐力，容易半途而废。

□7　为人风趣温和，不容易树敌，有很多好朋友。

□8　做事十分乖巧，很少得罪人。

□9　从不对明天有太多幻想，也不怕学习和生活平淡无聊，心境一直很平和。

□10　做事很谨慎，而且有些保守。

如果"√"达到5个或以上，则说明你的孩子有敏感多疑的性格因素。如果"√"没有达到5个，那么你可以跳过这一章。如果有些答案是肯定的，那么本章就值得你继续读下去，并尝试其中的建议与方法。

你的孩子敏感多疑吗

在做事时，亲和型人格男孩总是有些过于谨慎。如果遇到的挫折增多，他们就容易变得神经质，越来越多疑敏感。同时，由于人际交往能力不佳，总给人一种缩手缩脚、窝窝囊囊的感觉。

亲和型男孩生活中的小问题：

- 孩子总怕暴露自己的弱点和不足，做事放不开手脚
- 对周围的人戒备心太强，无法融入
- 在遇到需要与同学竞争的事情时，信心不足

亲和型男孩学习中的小问题：

- 对自己的学习能力没有信心
- 在学习成绩下降时，经常对你隐瞒一些真相，自己一个人扛着
- 学习成绩不佳，却不想办法提升，甘于落后

1. 压力过大时容易出现反常表现

在生活和学习上，亲和型人格男孩虽然努力，却缺少拼搏精神，而且在许多关键时刻容易掉链子，表现得不够勇敢坚强。所以，虽然他们很乖很努力，所获得的收获却与付出不太成正比。

亲和型人格男孩之所以顾虑如此之多，最重要的原因是他们想在众人面前维持自己完美的形象。做事过于小心保守，这在很大程度上影响了他们潜能的发挥。

小学五年级后，于峰的学习成绩在班里一直处于中等，我和他爸爸有点不满意，不停地敦促他好好学习。因为在这之前，于峰的成绩一直是名列前茅的。

过了一段时间，我们发现，于峰虽然也比较努力，但成绩依然处于中等，我和他爸爸心里特别着急。

有一次，我和于峰的班主任周老师谈起此事。她说："在于峰成绩特别好的时候，是不是你们从不表扬他？如果他成绩略有点下降，你们是否不停地批评、施加压力？"

我说："可不是。就跟大家对中国女子乒乓球的态度似的，觉得拿冠军正常，如果拿了第二，便从心里接受不了。"

周老师说："就因为这样，于峰可能在潜意识里就不想考得太优秀。他觉得：考那么高的分数，自己的心理压力太大了，每次都怕成绩下降。如果始终考中上等，你们对他的要求也就没那么高了。"

我觉得周老师分析得十分正确，从那以后，我就不再硬逼着于峰考第一名了。

——11 岁男孩于峰的母亲

从这个亲和型人格男孩的反常表现中我们可以看出，亲和型人格男孩的自我保护能力是十分强大的。为了自保，他们会下意识地调整自己在学习、生活中的步伐。在许多时候，他们都希望自己保持一个完美的状态——既不在风口浪尖上，也不拖别人的后腿。这样，就不用再承受很大的心理压力。所以，亲和型人格男孩身上会经常出现一些反常的表现。

2. 对所有人都隐藏自己的好恶

小孩子在表达内心的复杂情绪时，本身就很费力，加之亲和型人格男孩又偏内向，所以他们在表达时就更加艰难了。许多时候，当一些重大的挫折和失败过去后，往事的阴影会慢慢成为心结，隐藏在心中，挥之不去。可此时老师和家长们却以为：事情过去了，孩子可以潇洒地告别过去、迎接未来了。

方楷10岁那年，我和他妈妈离婚了。离婚后，方楷妈妈去了南方，很快就再婚了，很少来北京看方楷。刚开始时，方楷很伤心，整天泪光闪闪的。无论我怎么劝，他都高兴不起来。

无奈，我只得把母亲从老家接到北京，天天陪着他。老人每天絮絮叨叨地劝着他，没过多长时间，方楷的情绪就好了很多。

不久，我认识了现在的爱人姜琼，处了一段时间，觉得十分不错，就带她到家里吃饭。第二天，方楷的情绪就变坏了，闷闷的，不说话。不管我和母亲怎么问他，他都说自己没什么。

那天晚上，他睡觉前，我走到他床边，一边抚摸着他的头发，一边安慰他说："我知道你有心事，担心我和姜琼阿姨结婚后，会对你不好，甚至会离开你。你想得太多了。放心吧，无论发生什么事，爸爸都不会离你而去的。爸爸会永远宠着你，姜琼阿姨也会这样。她要是对你不好，爸爸是决不会答应的。"

那晚，我和方楷说了好多话，他跟个闷葫芦似的，也没什么反应。可第二天早晨，我就发现，孩子脸上的阴云散开了。

——10岁男孩方楷的父亲

从以上案例我们能看出，亲和型人格男孩太爱隐藏自己的想法，所以在遇到一些挫折打击时，他们很容易形成心结。许多时候，他们为了面子，或担心受到更大的伤害和打击，很少主动和周围的人聊心事。所以，心结会越结越大，导致很容易出问题。

"亲和型"男孩的平和机智

平和型男孩总是保持与人为善的做人做事原则，不爱竞争。但不爱和同学、伙伴竞争，并不意味着没有竞争力，在许多关键时刻，他们总能爆发出较强的力量，完成超人的壮举，让周围的人刮目相看。

1. 未卜先知有预见

在遇到困难和挫折时，亲和型人格男孩有一种很好的能力：经常保持冷静状态。因为内心静如秋水，所以他们的第六感特别发达——可以调动起所有内在的能量，对所发生的事情进行分析、综合、归纳，从而找到最佳的解决办法。

正因为事先有准备，在遇到强大压力的时候，他们会一改平日文静亲和的状态，进行突然、猛烈的反击。正所谓“该出手时就出手”，不出手则已，一出手就能将事情搞定。

有一天晚上，丈夫外出办事去了，家里只有我和宽广两个人。

在厨房做饭的时候，我不知怎么把油锅弄着火了，我一慌，扔了锅就跑，结果竟然把旁边的油瓶子也点着了。看火着了起来，我尖叫着僵在卧房门外，束手无策。这时，宽广从卧室跑了出来，他拿起湿拖把，把火压灭后迅速关上煤气，接着他又有条不紊地收拾了煤气灶上的东西。

我被吓出了一身冷汗，腿软得不得了。宽广把我搀到屋里，给我倒了杯水，又给我削了个苹果，不停地安慰我。

后来，我和同事说起宽广那天的表现，大家都不太相信，觉得我有些夸张——因为宽广只有9岁。

——9岁男孩宽广的母亲

在这个案例中，关键时刻，亲和型人格男孩宽广之所以能做出这种惊人之举，和他冷静的心态是有很大关系的。因为善于观察，所以宽广能在很短的时间准确找到灭火的工具，然后按家长或老师曾教过的方法，有条不紊地应对。

此外，因为性格沉静，在许多时候，亲和型人格男孩总爱反复地琢磨和观察一些事情。虽然这些事情是许多孩子觉得司空见惯的，他们却乐此不疲地研究着，从中发现许多新问题，掌握许多新知识。一旦有需要的时候，他们就能利用这些知识储备，做出惊人的表现。

2. 温和乖巧惹人爱

亲和型人格男孩是最为典型的乖孩子。无论是在学习还是生活中，他们总是安静平和，不多言不多语，更很少与人争吵、闹别扭。

在他们看来，生活只要安静平和，就是很快乐的事。有些时候，没有人陪伴他们，他们也会表现得特别恬静平和，一个人静下来，认认真真地做着自己应做的事，觉得寂寞也是一种很美好的享受。

更难得的是，他们特别善于理解亲人朋友的想法，能想办法用自己的言行给他人带来温暖和鼓励。

上小学五年级的时候，老师让我们写一篇作文，名字叫《我最敬重的一个人》。

以往，一遇到写人物的作文，我肯定会写二叔。可那一年，我却不知道怎么写他了，因为二叔的公司倒闭了。

二叔原来是一个国有企业的干部，后来辞职下海开了一家广告公司。公司倒闭后，二叔不得已，只得去给别人打工，可换了好几家公司，都没干长。为此，二叔心情特别不好，所以经常来我家，和爸爸一起喝闷酒。

二叔多才多艺，一直是我的偶像。他会弹钢琴，书法也特别好，还会摄影。更让我崇拜的是，他特别的勤奋，每天按时起床，到附近的公园跑步，无论刮风下雨，从没间断过。

见我写二叔的作文出现“难产”的状况，父亲过来帮我。他说：“你二叔是个硬汉子，他不会被打倒的。不过，他也是个普通人，当然也会有软弱的一面……”

为了鼓励二叔，我给他发了个短信，大概意思是说我永远是二叔的粉丝，永远支持他，希望他以后不要喝酒了，快些重整旗鼓再开一家公司。

我记得那天二叔特别激动，特意来到我家请我去吃了麦当劳。不知是不是因为我的鼓励起了作用，二叔后来很快又开了新公司，而且生意越来越好。

——北京大学学生赵新

从这个案例中我们可以看出，亲和型人格男孩天生性格沉静，爱思考。如果父母和老师引导得好，他们对世事人情的理解，会比同龄孩子更加深刻、清晰，很容易成为人见人爱、花见花开的万人迷。这对他们将来的工作和学习都特别有帮助。

培养方法：不处处给自己设限，才会飞得更高

因为性格偏内向，又比较敏感。所以，无论是在生活上，还是在学习上，父母和老师都容易低估亲和型人格男孩的能力，无形间给他们设限，觉得有许多事是他们不能做的，比如那些很有挑战性的、很繁难的事情。

这种做法的后果是：时间一久，他们在心里就默认了他人对自己的评价，并接受了其中不积极甚至负面的东西，这样，他们极容易变得故步自封，甚至不求上进。

父母和家长要引导他们努力突破自己的局限，修炼自己深刻、和谐、亲和的个性，这样才能把他们深沉、稳健、洞察力强的优势发挥得更加淋漓尽致。

1. 教育口诀一：学会发现他人的优势，并与对方的优势合作

和以往众多动画片不同，在美国动画片《海底总动员》中，主人公不是一个孩子，而是一个“家长”。

马林在妻子姗姗被带鱼吃掉后，留下了心结，开始变得谨小慎微，行事缩手缩脚。儿子尼莫被人捕走，卖到了牙科诊所当观赏鱼。为了救出儿子，马林战胜自己胆小的弱点，千里寻子。经过一系列的磨难与打击后，拯救成

功，父子大团圆。

虽然故事表面上说的是一个“家长”的心灵成长史，但如果仔细分析就会发现，这个“家长”的言行和心理活动，完全是一个孩子。更准确地说，是一个亲和型人格的男孩。

在去寻找孩子的过程中，马林遇到了大白鲨布鲁斯。在惊险的追逐中差点丧命，他很快萌生退意，但大鱼多莉改变了他的想法。

这条大鱼有一个很大的缺点——患有严重的健忘症，常常给马林带来麻烦，搞得马林哭笑不得。可她热心助人、胸怀宽广，有多莉在身边做伴，马林也渐渐战胜了内心的恐惧，而且对人生、亲情也多了一份独特的体验。

在现实生活中，和马林一样，因为偏内向，防卫心理又过强，所以亲和型人格男孩在人际交往中很容易出问题。他们大都只愿意同与自己相似的人打交道，交际面受到很大影响，父母要帮他们克服人际交往中的困难。

铮铮 10 岁那年，因为工作调动，我们不得不离开上海，到一个小城市生活。铮铮也由一个重点学校转到一个小城市的一个普通中学。

因为这个城市经济很一般，所以中学的教学质量和教学环境都很一般。铮铮到了这个中学后，心里特别失落，半年过去了，竟然一个好朋友都没有，我心里也特别替他着急。

有一天下雨了，铮铮没带雨伞，我打电话说让他在学校等着我，我下班后去接他。铮铮说：“不必了，有个叫小鹏的男孩和我一起打伞回家。”说这话时，铮铮语调有些不高兴。

到了家，见小鹏已走了，我问铮铮，为何没留同学在家玩一会。

铮铮说：“他学习成绩太烂了，老师总批评他。”

我说：“这是他的弱点，但他肯定也有优点呀，你没有发现吗？”

铮铮说：“没有！”

我说：“他能和你打一把伞把你送回家，就证明他是个心肠好、爱帮助同学的孩子，这难道不是他的优点吗？”

铮铮听了我的话，没说什么。不久，他就和小鹏成了好朋友。

——10岁男孩铮铮的母亲

在这个案例中，铮铮和所有亲和型男孩一样，到了一个新环境后，总是对周围的人充满戒备和防御心，所以他很难看到他人的优点和长处。在这个时候，父母一定要结合具体事例对亲和型男孩进行引导，使他们逐渐拥有这样一种能力——与他人合作时，能迅速发现对方的闪光点——只有和对方的优点合作才能成功。

2. 教育口诀二：敢想敢做敢承担

因为自我防御心理较重，亲和型人格男孩特别注意维护人际关系。他们害怕自己在众人面前失去“乖孩子”的光环，所以他们会经常说很多违心的话，做许多违心的事。

时间久了，这样的想法就会成为他们的心理负担——过于强调他人对自己的看法，而忽视自己内心的真实感受，最终导致自己内心想法与实际行动不和谐。时间久了，孩子就会产生一种强烈的压抑感，没有办法和亲朋逐渐加深友谊和情感。

对此，家长一定要及时引导，让孩子打破这些落后观念，在做人做事时，学会敢想敢做、实话实说。

上初一时，我们班用举手表决的方式选班长。两个候选人分别是曲卓和何振。在这两个人中，我很喜欢和佩服曲卓，因为他为人和善，又特别会讲笑话。我很讨厌何振，因为他不仅小心眼，功利心还特别强，特别会向老师拍马屁。

可在表决的时候，见好多同学都举手选何振，我犹豫再三，还是举手投了何振的票。因为我担心，如果何振知道我不选他，会暗中给我穿小鞋——毕竟，他当了班长后，手中很有权力。

最后，何振当上了班长，我虽然心里很反感，可还是挤出一丝笑，向他表示“由衷”的祝贺。

这一切，都被我的同桌钱波看在眼里，他气呼呼地跟我说：“你这人真没劲，就会玩虚的，你累不累呀！”

虽然说者无心，可对我的触动却很大。此后，再遇到这些让我内心纠结的事，我便不再装样子，做老好人，而是直接听从内心的安排。我发现，这样做了以后，我内心的压力小了很多。

——广州 ×× 大学学生孙波

从这个案例我们可以看出，在生活中，“乖孩子”这个称号对亲和型人格男孩是把双刃剑。

所以，父母要引导孩子，不能为了面子上好看，就去做一些违心的事。否则，在无形间就增加了心理压力，也容易让孩子变成一个势利小人——做事两边倒，没有原则底线。

当然，要想让孩子成为一个敢想敢做敢担当的男子汉，父母在孩子做错事时，一定不要采取体罚的方式，因为体罚会让孩子对承担后果产生恐惧感。科学的办法是：通过教育引导的方式，培养他们做事的魄力，让孩子养成习惯，以敢作敢为敢承担为荣。

3. 教育口诀三：找到竞争的乐趣

亲和型人格男孩之所以对自己的优点熟视无睹，很重要的原因在于，他们总爱用挑剔的眼光看待自己。他们虽然对他人表现得比较宽容，对自己却十分严格，有时甚至很较真儿：做事时，总是有一种杞人忧天的心态，畏首畏尾，不能勇敢地迈出前进的步伐。

所以，对于亲和型人格男孩来说，父母一定要努力帮助他们挖掘自身的优点，树立他们的自信心，使他们能养成敢于竞争、享受竞争的正向心态。

值得注意的是，在生活中，许多家长不太理解自我欣赏和自我吹嘘这两个概念的区别。这样，在对孩子的教育引导上就容易出问题。本来孩子是自我欣赏的行为，家长却认为孩子在炫耀，有骄傲情绪，总进行不必要的批评甚至打压。这种做法不利于孩子自信心的树立。

上小学四年级时，学校开始竞选大队委。这其中有好几个很有挑战性的环节：演讲、拉票、回答老师及同学的问题等。以往，我从不参加这种激烈竞争的事情，倒不是因为没实力，而是不想去争，总担心万一失败了，自己会很没面子。

可爸爸却给老师打电话，替我报了名。他说：“社会就是个竞争的社会，你要从小习惯这些竞争，把胆子练出来。”

结果这次竞选我失败了——因为没经验，在演讲环节出了问题。但在竞选的其他几个环节中，我还是做得很不错的，得到了老师和同学的不少赞扬。所以，竞选过后，我心里比较平静，没有像以往那样，出现羞愧自责的不良心态。

第二年，学校再竞选大队委的时候，我没有犹豫，第一个报了名。

——12岁男孩矫健

从矫健的自述中我们可以看出，对于喜欢平静生活的亲和型人格男孩来说，培养他们的竞争意识是较难的。当他们学习和生活当中涉及竞争的事情时，父母要干预和介入，督促他们去竞争。

当然，这种做法一定会让亲和型人格男孩反感，但父母不要太在意，要努力和孩子沟通，等他们成功迈出第一步后，剩下的事就好解决了。

最初引导孩子参与竞争时，在项目的选择上要十分注意，要循序渐进。

不能太难，以免孩子因为败得太惨而对竞争产生更严重的畏惧与抵抗情绪。

实战演练

亲和型男孩在生活和学习中有很多特殊的表现，家长教育时偶尔会陷入误区。下面举几个小例子，说明我们提倡的应对方法。你不妨试一试，看看结果与以往有什么不同。

1．孩子总怕暴露自己的弱点和不足，做事放不开手脚

在生活中，不要总是提及孩子过去的失误，而要经常提及孩子的优点，让他们能经常感受到家长的鼓励与关爱。

2．对周围的人戒备心太强，无法融入

要经常提醒孩子，他们现在很安全，鼓励他们和周围的人大胆交往。同时，要调查出他们以往所受到的伤害、打击的详细情况，对孩子敏感的话题尽量避开，绝不能在他人面前提及。

3．在遇到需要与同学竞争的事情时，信心不足

孩子做事时，每取得一点成绩，都要隆重地向其祝贺与赞扬，要描绘出具体内容，而不能用“套词”空洞地表扬，强化他们身上所具有的能力和才华。

比如，孩子把闹钟拆开后，又完好无损地安装上了，同时，还给闹钟加了装饰品。这种情况下，家长就要用欣赏的方式帮孩子挖掘自身的优点：

爸爸：“我真没想到，这个闹钟有那么多零件，你一个都没安错。”

孩子：“我也是用了半天的时间才安上的。”

爸爸：“你这么有耐心和毅力，这一点，许多孩子都做不到。”

孩子：“是吗？”

爸爸：“是的，这就证明你是个爱思考、动手能力特别强的孩子。许多

科学家都有这个特点。”

孩子:“嗯，我长大了就想发明一些新奇的东西，比如能生孩子的机器人、能治疗一百种病的药、能飞上天也能在水里航行的汽车……”

爸爸:“这些想法真是太好了！邻居张叔叔家的小胖和你一样，也有你这样的新奇想法。他妈妈说，他手特别巧，总是自己做一些小工艺品，爸爸觉得你们俩应该多来往，互相学习。说不定没多久，你俩就能成为小发明家。”

4. 对自己的学习能力没有信心

让孩子在无意中听到你对他学习能力的赞扬与肯定。

5. 在学习成绩下降时，经常隐瞒一些真相，自己一个人扛着

知道真相后，不要指责批评孩子，而是耐心地帮他分析下降的原因，并和老师一起找出弥补、提升的方法。

6. 学习成绩不佳，却不想办法提升，甘于落后

不能一味地批评、劝说孩子，父母自己在工作中也要积极上进，以自己的行动潜移默化地影响、改变孩子的想法。

PART 8

善于交际、不思进取——阳光型男孩

阳光型人格是中庸型人格中的一个分类型，这类孩子性格比较沉静，善于和他人打交道，人缘特别好，只是有时过于人云亦云，不思进取。对他们的教育核心点，就是让孩子做事时能大胆挑战压力，积极进取，要明白：好人缘不是万能药。没有长远的目标和向上的动力，成功会离我们越来越远。

小测试：你的孩子是阳光型男孩吗?

完成下面的小测试，观察你的孩子在生活、学习和与人交往时是否经常存在以下行为表现，是的请在前面的□里打√。

□ 1　周围的同学总爱对他说：太不成熟了，像个小孩儿似的。

□ 2　喜欢父母在学习上管得宽松些，对分数要求不高。

□ 3　总被朋友们称为“开心果”。

□ 4　遇到困难时总爱对自己说：“睡一觉，明天一切都会好起来。”

□ 5　穿着很随意，从不管是否落伍。

□ 6　虽然人缘很好，可在同学、朋友中的威望与号召力都很一般。

□ 7　遇事时乐观豁达，人缘很好。

□ 8　做事不太讲效率，很注重享受过程。

□ 9　做事讲究顺其自然，很少自寻烦恼。

□ 10　家里人都说他有些懒惰，在吃东西上自制力不强。

如果“√”达到5个或以上，则说明你的孩子有善于交际的性格因素。如果“√”没有达到5个，那么你可以跳过这一章。如果有些答案是肯定的，那么本章就值得你继续读下去，并尝试其中的建议与方法。

你的孩子不思进取吗

他们虽然不太爱说话，却能经常保持阳光快乐的心态，与人为善，是父母、老师和同学眼中的和平天使。他们不喜欢竞争和冲突，永远保持和事佬的做人原则，对维护圈子的人际和谐做出了不可低估的贡献。

但如果父母老师引导不好，他们容易放松对自己的要求，一味地在好人缘上下工夫，不注重自己内涵的提升，变得不思进取，平庸落后。

阳光型男孩生活中的小问题：

- 在人际交往时，爱做老好人，从不愿表达自己的真实看法
- 在生活中过于怕吃苦，做事情经常虎头蛇尾
- 做事没有长远计划，只顾眼前痛快

阳光型男孩学习中的小问题：

- 无法养成主动学习的好习惯，需要父母天天督促
- 没有上进心，有“60 分万岁”心态
- 做作业时拖拉，不积极

1．人云亦云，没有主见

对于孩子来说，从众心态可以让他们很好地融入集体中，减少不必要的伤害。同时也可以使他们找到认同和归属感，保证他们的心理安全。

为了让周围的人更好地接纳自己，阳光型人格男孩在这方面容易做得过火：在许多时候，为了不得罪人，他们很少发表自己的观点，就像《红楼梦》里的宝钗那样“不关己事不开口，一问摇头三不知”。

时间一长，这种处事态度会扼杀他们天性中的闪光点，也不利于他们发挥自己的潜能。如果父母引导得不好，他们会变得庸俗世故，成为人际交往中的“老油条”，不但树立不起自己的威信和形象，也交不到真正的好朋友。

上小学六年级时，我们的邻居方颖发生了车祸，头上撞了个大口子，在治疗时，头发全剃光了。

方颖是班长，又是老师的红人，经常帮着老师批评班里淘气的男生。所以她头秃了后，班里的男生都趁机报复她，管她叫“秃驴”。当时，我妈妈和方颖的妈妈是同事，两个人好得跟一个人似的，我和方颖关系也不错。所以，班里的男生只有我不叫她的外号。

有一个叫秦壮的男生特别多事，见我不叫方颖外号，就到处造谣说我和她“好上了”，总是在背地里起哄。没办法，为了澄清自己，此后，大家再拿方颖开玩笑的时候，我也跟着参与。

妈妈为此特别生气，批评了我好几次，我也没理会。

从那以后，方颖见了我就跟遇见了仇敌似的，再也不和我说话了。

——12岁男孩魏民

从这个案例中我们可以看出，阳光型人格男孩不但在做事时缺乏坚韧顽强、吃苦耐劳的精神，在生活中也很少坚持必要的做人原则。这样，虽然可以使他们获得轻松无忧的好人缘，但对他们的个性发展却十分不利——为了轻松快活，就随波逐流，时间一长，就失去了周围人的敬重与信赖。

2. 过于贪图快乐享受，缺乏责任感

因为好安逸，图快乐，阳光型人格男孩很容易为了追求快乐而逃避责任。所以，如果家长引导得不好，他们会因缺少道德约束意识，在吃和玩等方面不节制。虽然不会像激情型人格的三类男孩那样，明目张胆地与父母老师对抗，但也会暗中反抗，和约束他们的人玩心眼。

春辉在上五年级的时候，开始迷恋上了手机游戏，所以每天练钢琴的时候，不再像原来那么认真了，我不监督时，他就会开小差。周六、周日去少

年官上课时，他也总走神，盼着快点上完课，好玩游戏。

有一次，他对我说："我不想弹钢琴了。电视上专家都说了，要把童年还给孩子。我把业余时间都用在练琴上了，根本没有玩的时间。"

我说："怎么没给你玩的时间啊，只是比原来少了些而已。"

春辉说："我现在不爱好弹琴了。兴趣是最好的老师，我对弹琴没有兴趣，怎么能有好成绩呢？"

我耐心地解释说："你从小就在音乐上特别有天赋，我带你拜访了好几个教授，他们都是这个结论，所以才让你学了钢琴。你现在都过了八级了，家里也为你付出了这么多，你怎么能轻易放弃呢？"

春辉说："那以后如果我不选择考音乐专业，这钢琴不是白学了！"

我说："不会的。弹琴开启了你的智力，让你的手脚更灵活更协调了。你学会的不是几十个钢琴曲，而是综合的修养和能力。有了这个修养，以后做什么事都是有帮助的。那时，你就会明白，即使不搞音乐专业，你的付出也是值得的。"

春辉听了，不再说什么，又开始乖乖地弹琴了。我以为他听进了我的话，可没想到，第二天，他又开始抓住所有时间和机会，偷偷玩起了游戏。

——10岁男孩春辉的母亲

从这个案例中我们可以看出，许多阳光型男孩表面上看很听话，其实很难听进父母老师的话，让人十分头疼。

贪玩，追求享受，没有责任感，这本是很多孩子共同的心理特征，只是阳光型男孩的这种心理倾向过强，做事过于流于表面，不愿意深刻思考。所以有些道理虽很浅显，可他们就是体验不到，或体验得不深刻。

"阳光型"男孩的善于交际

阳光型人格男孩的家长是十分幸福的，因为上天赐给了他们"开心果"：

阳光型人格男孩情绪稳定，遇事总往开了想，所以很少出现大的情绪起伏，似乎让自己的情绪固定在了“快乐频道”中。

因为心态阳光，所以做事时心态比较稳，在学习和生活上，虽然不是特别努力，往往也能取得较好的成绩，让其他人特别羡慕。同时，因为总能给他人带来愉快感，他们的人缘也十分好。

1. 随时传递自己的正能量

阳光型人格男孩对世态炎凉的变化十分不敏感，心情经常保持“万里无云”的最佳状态。

许多人对阳光型人格男孩有偏见，认为他们长不大、“没心没肺”，这是很片面的。阳光型人格男孩之所以能长久保持阳光的心态，并不是因为他们感受不到“秋风苦雨”，而是因为，他们一方面善于自我开导，另一方面重视享受过程，不苛求结果。所以，他们不但能很快原谅自己所犯的错，也能快速原谅他人。

郝刚是我的小学同学。在上小学五年级时，他爸妈离婚了。没过多久，郝刚的爸爸和他的新夫人就生了孩子。此后，就很少再理郝刚了，生活费也总拖着不给。因此，郝刚的妈妈情绪特别不好，经常跟他发火。

可让我们奇怪的是，郝刚跟一切都没发生过似的，每天心情都不错。好事的同学讽刺他爸爸，他也不在乎。

说起家里的事，他总是洒脱地说：“我爸已经离开我们了，我再发愁他也回不来。而且，我要是每天闷闷不乐，妈妈就更郁闷了，爸爸和那个‘女人’会更瞧不起我们了。”

几年后，郝刚考上了浙大。他爸爸觉得郝刚给他长了面子，对他一下好了起来，而且对郝刚妈妈也另眼看待，不但不再拖欠抚养费，还经常额外给郝刚零花钱，周围的人都夸郝刚有志气。

——北京 ×× 大学学生林康

从上面这个案例中我们可以看出，在许多时候，阳光型人格男孩做事粗中有细，内心有城府。他们不只在意自己的快乐，而是时刻考虑到了身边亲人的感受。

更值得我们夸赞的是，阳光型人格男孩的阳光心态自然真实，不像洒脱型人格男孩那样，有时是为了面子，故意表演出来的。

2. 到哪都有好人缘

在遇到困难和挑战时，阳光型男孩不会不顾深浅地莽撞行事，更不会把责任全推到他人身上，而是保持淡然的心态，把事情坚持下来，做到宁弯不折。

更为难得的是，在困难与失败面前，他们会把自己的心理垃圾快速清除掉，恢复平和淡然的心态，处处与人为善。所以，在学习和生活中，他们很少会出现迷惘、愤懑等不良情绪，能始终坚持做自己该做的事，安静淡然地把痛苦忍耐过去。

正因为做事没有心理包袱，所以，在遇到困难时，他们总是能受惠于自己的好人缘，得到他人无私的帮助，取得特别好的成绩。

刘彦3岁那年，因为一次工伤事故，李师傅的左腿落下残疾，不得不提前退休。为了维持生计，他在小区附近一个超市里租了个摊位，和爱人一起卖糖炒栗子。

因为生意一直不好，加之腿伤落下了很多后遗症，李师傅要经常去医院看病，很少有时间和精力关心刘彦的学习和生活，家里的重担也全落在刘彦母亲的肩上。他母亲整天忙里忙外的，特别辛苦，对刘彦的关爱也少得可怜。

可让我和周围的邻居惊异的是，尽管家里出了这多么事，刘彦的心态一点也没受影响。他整天笑眯眯的，像个流落人间的小天使，既懂事又可爱。因为人缘好，刘彦成了他们家糖炒栗子的形象代言，小区里的大人孩子都特别喜欢他，都愿意去他家的摊上买东西。

刘彦还是一个特别孝顺的孩子。有时候，李师傅心烦，刘彦便很乖地依偎在他身旁，帮他捶背，用不了多长时间，就把李师傅逗笑了。

刘彦的妈妈也总对周围的邻居说："我们家刘彦就是我的开心果，不管我遇到多么烦心的事，只要亲亲他那笑眯眯的小胖脸，我就什么烦心事都没了！"

——10岁男孩刘彦的邻居

刘彦的身上充分体现出了阳光型人格男孩的闪光点：面对困难和挫折，他能始终保持积极心态，给身边的人带来正能量。

面对艰难困苦，阳光型人格男孩之所以能想得开，并不是因为他们反应迟钝或自欺欺人，而是因为他们总是善于发现人与事的阳光面，不去过于计较和理会那些阴暗面。

正因如此，他们总是能很好地理解周围人的心理，找到和他们沟通交往的最佳切入点——这是他们拥有好人缘的关键因素。

培养方法：好人缘不是万能药

对阳光型人格男孩来说，"不想长大"是他们最强烈的愿望，因为长大要承担责任，要面对残酷的竞争和挑战，这些都有悖于他们追求快乐的人生理念。

所以，家长在对阳光型人格男孩进行教育时，一定要让他们学会承担责任，正视压力。从小塑造他们的男子汉形象，而不能为了一时的快乐，做随波逐流的"水草"。

1. 教育口诀一：挑战压力、战胜困难，才是快乐的真正源泉

在我国，熊猫被称为"国宝"，可动画片《功夫熊猫》中，熊猫阿宝却是个普通平凡的小胖子，跟"国宝"没有任何关系。阿宝从小与父母分开，

和养父一起卖面条，像所有阳光型人格男孩一样，过着简单而快乐的生活。

就是这样一个普通的、有些笨拙的胖熊猫，却在短时间内成了师傅的得意门生，可以继承乌龟师傅传承下来的武功秘籍。

阿宝拿到真正的武功秘籍后，却惊讶地发现：秘籍里面竟然是空的。怕阿宝打不过大龙，小熊猫师傅决定自己对付他，让阿宝和它的几个高徒带领和平谷的谷民逃亡。

阿宝在逃亡的途中，父亲告诉他：家里祖传的面汤其实没有任何的秘方，味道好的秘诀是面的本身！阿宝突然想到那个空空如也的秘籍，忽然明白，其实根本没什么秘籍，而秘籍所表达出的意思是：武功的最高境界是练武者本身的境界，练武者的思想境界有多高，武功就会有多高。

悟到武功新境界的阿宝转回头，帮助小熊猫师傅打败了大龙。

动画片的这个设计十分有深意，让人回味无穷。

在生活中，许多阳光型人格男孩也和阿宝一样，为了追求快乐，希望自己在生活和学习中走一些捷径，好有更多的时间去享受生活。父母要引导他们，养成敢吃苦、敢挑战的个性。

阿勇小的时候，因为贪玩，总是不爱练书法。

有一次，他想和我摊牌，彻底放弃。我劝他说："这样反复练习，的确很累，妈妈特别理解你现在的心情。"

阿勇说："我真是不想再练了，太枯燥了，你看我的手都僵了。"

我说："可我知道，你内心里是喜欢书法的，也享受到了书法的乐趣。每次参加少年宫组织的画展时，你都是那么高兴。如果得了奖，你也总是要兴奋上好几天。"

阿勇说："可练书法的过程太苦了。"

我说："你已是大孩子了，做事时就要学会承受必要的压力甚至痛苦。不能总想享受书法的快乐，却不想付出。妈妈有个好办法——在练习的时候，你可以多想想将来在国际知名书画展中展出作品时的场景。这样有了动力，你就不会觉得有多么苦了。”

阿勇依然叹息着说：“我这么普通的孩子，能练成书法家吗？”

我说：“哪来那么多天才，奇迹都是平凡的孩子创造的！”

在我不断的鼓励下，阿勇又开始专心地练书法了。

——9岁男孩阿勇的母亲

在这个案例中，阿勇的母亲是个细心人。她通过观察孩子的生活细节，知道了孩子对书法的态度，在孩子缺乏信心和勇气时，她举出这些小细节做例证，就会特别有说服力。

所以，阳光型人格男孩的父母，要经常仔细观察孩子的言行举止，在孩子遇到困难和压力时，要能发现他们细微的心理变化，及时给予引导。要让孩子明白：挑战压力、战胜困难，才是快乐的真正源泉。

2. 教育口诀二：关键时刻要敢于直言

在生活和学习中，许多阳光型人格男孩之所以不轻易直言，倒不是因为胆怯，最重要的原因是，他们不愿意和周围的人结仇，把自己平稳有序的生活秩序打乱。同时，他们也不愿意和周围人的关系太密切。在他们看来，与周围的人保持不温不火、不亲不疏的关系才更稳妥更长久，且不容易生出一些麻烦事。

对于阳光型人格男孩这种“万金油”似的处事方式，家长要给予批评和纠正，经常不厌其烦地给他们讲解、分析。

上小学四年级时，我们班上来了一个特别淘气霸道的男生，名叫徐峰。他总是欺负我们班里几个比较老实瘦小的男孩。

有一次放学时，我和梁凯在一起玩篮球。后来徐峰过来了，和我们只玩了一会，就有了冲突，结果徐峰一拳头就把我的门牙打掉了。

事后，徐峰死也不承认是他打掉了我的门牙。为此，我妈妈找到学校，让老师给个说法。老师得知梁凯当时在场，就把他叫过去，让他讲一下事情的经过。可梁凯支支吾吾的，就是不向老师说出实情，最后见老师不高兴了，他便说："我只顾玩了，没注意他们打架的事。"

梁凯是个性格特别温和的男孩，在班里人缘特别好，而且他长得很壮，徐峰根本不敢欺负他，我也想不清楚他为什么不愿意实话实说。可经过这件事后，我就不太爱理他了。

——广州 ×× 大学学生吴波

在这个案例中，阳光型人格男孩梁凯之所以不敢仗义执言，倒不是因他害怕徐峰，而是他不愿意和徐峰结仇，同时也不原意和吴波的关系发展得太密切。在他看来，与周围的人保持不温不火、不亲不疏的关系是最稳妥的，不容易出麻烦。

可时间一久，他们的人际关系反而会出现问题——给人留下一种耍滑头、不实在的负面感觉。

所以，父母要经常引导他们，在关键时刻敢于仗义执言。这样做，虽然容易给自己带来一些麻烦，但这是一个男子汉必要的付出。

3. 教育口诀三：正视而不是逃避压力

在许多时候，阳光型人格男孩过于追求快乐，如果父母引导得不好，他们就极容易成为自私的、不愿意承担责任的人，做事只想自己，不顾他人感受。

父母在对阳光型人格男孩进行教育时，要重点强调这样一个观点：为了肩上的责任，快乐是可以减少甚至暂时搁置起来的——毕竟，与责任相比，快乐只能往后排了。

初一下学期，我从老家转到上海上学。因为课本不同，教学方式又有很大的差别，我一下由老家时的优等生变成了一个中等生。

开始时，我心里还觉得不太舒服，可时间一长，就觉得做个中等生也没什么，压力小不说，放学后，也敢放心大胆地玩了。

时间一长，爸爸看出了我的心思，就说："换了环境，学习会受到一定影响。但这个适应期不能拉得太长，不然，将来你再赶也赶不上了。"

可我没有理会爸爸的话，在学习上依然随大流，不去和那些尖子生争名次。时间一长，爸爸以为我真是天资不太好，就不再逼着我努力做优等生了，结果，我的成绩越来越差。

——北京××公司员工徐巍

案例中，徐巍这种心态很有代表性。对于阳光型人格男孩来说，如果他们能正视压力，积极寻找应对办法，是完全可以战胜困难取得好成绩的。但因为贪图安逸，他们常常给自己留了退路。

在许多时候，这种逃避压力的行为，大都很隐秘甚至是潜意识的，所以，有时阳光型人格男孩自己都没有意识到。父母要仔细观察他们的言行举止，及时发现他们细微的心理变化，给予引导。否则时间一长，孩子形成了心理惯性，就很难纠正了。

实战演练

阳光型男孩在生活和学习中有很多特殊的表现，家长教育时偶尔会陷入误区。下面举几个小例子，说明我们提倡的应对方法。你不妨试一试，看看结果与以往有什么不同。

1. 做事没有长远计划，只顾眼前痛快

不要替孩子拿主意，但在做一些重大事情时，要帮助或督促他们做计划，

并把计划写在手机和电脑中，督促并帮助他们分阶段完成。

2. 在生活中过于怕吃苦，做事情经常虎头蛇尾

要通过一些小事，经常强调“结果第一”的概念，做到享受过程、重视结果，使孩子养成做人做事负责任的好性格，而不是一味地替自己找借口、走过场。

比如，孩子挑食，父母要想说服孩子，就要和做事的结果密切联系起来，可以这样和孩子沟通：

妈妈：“吃饭不能只为了好吃才吃。”

孩子：“我知道，你一定又要说，为了营养，不好吃也要坚持吃下去。可不好吃的东西，强迫自己吃会倒了胃口，有营养也吸收不了！”

妈妈：“营养均衡，让自己健康成长，不生病，这才是我们吃饭时要追求的真正结果。如果营养跟不上，生了病，要受很多罪，那可比倒胃口难受一百倍。妈妈劝你养成习惯，这样，很快就不会有强迫感了。”

3. 在人际交往时，爱做老好人，从不愿表达自己的真实看法

要多找他们谈心，交换看法。要用事例让他们明白，老好人虽不招人厌，但也没人喜欢。没有个性的孩子，将来工作生活都很难有成绩。

4. 做作业时拖拉，不积极

鞭策并严格监督，必要时要给他们设定时间。但不要陪他们写作业，要让他们知道：写作业是自己的事。

5. 没有上进心，有“60分万岁”心态

要长期坚持用不经意的方式，不露痕迹地表扬、鼓励孩子。通过不经意的表扬，让孩子时时能发现自己与众不同的优势，激发其上进心。

6. 无法养成主动学习的好习惯，需要父母天天督促

隔一段时间就对他们的学习方法和学习态度做一次诊断，帮他们找到问题，并寻求解决方法。

PART 9

踏实质朴、思想消极——实干型男孩

实干型人格是中庸型人格中的一个分类型，这类孩子性格很沉静，做事时埋头苦干，一步一个脚印。只是有时思想特别消极，容易出现悲观情绪。对他们的教育核心点，就是让孩子学会克服消极心态，享受过程的同时引导孩子关注结果，要明白：只有实干还不够，学会巧干才会赢。

小测试：你的孩子是实干型男孩吗？

完成下面的小测试，观察你的孩子在生活、学习和与人交往时是否经常存在以下行为表现，是的请在前面的□里打√。

□1　总是希望自己能独立完成作业，不用家人辅导。

□2　和朋友相处时，尽管时间很长了，还总是情不自禁地产生防范心理。

□3　总爱说："大家会怎么看我呢？"

□4　穿着比较注重是否流行，但没有个人主见，也不想表现得很特别。

□5　无论朋友有多么难缠，也总能和对方保持较好的关系。

□6　做事经常过于追究细枝末节，抓不住重点。

□7　总是对自己的现状很满意。

□8　很少想将来的事，努力把眼前的事做好就行了。

□9　虽然对一些人的行为看不惯，但从没向对方直说，只是偶尔向关系好的朋友或亲人讲讲。

□10　不会很轻松地和他人说话，面部总是不自觉地显得很严肃、很正经。

如果"√"达到5个或以上，则说明你的孩子有踏实质朴的性格因素。如果"√"没有达到5个，那么你可以跳过这一章。如果有些答案是肯定的，那么本章就值得你继续读下去，并尝试其中的建议与方法。

你的孩子思想消极吗

吃苦耐劳、随遇而安、讲究实干……实干型人格男孩的优点是十分明显的。因为自我约束力比较强，又十分质朴实干，所以他们很少让父母太操心。之所以能做到这一点，是因为他们非常善于自我心理调控，很容易适应各种复杂的生活环境，同时也善于同各种人和谐相处。

如果家长引导不好，因为疲于应对生活中的各种变化，而且在实干的时候不爱动脑思考，他们在学习和做事时失败的概率较大，也容易因此变得消极落后。

实干型男孩生活中的小问题：

- 在遇到挫折时，消极应付，缺乏进取心
- 因为业余爱好而耽误学习
- 思考问题过于局限，不周全

实干型男孩学习中的小问题：

- 不爱向家长透露学习上的困难
- 学习时不注意总结方法，始终坚持按老思路想问题
- 学习兴趣不浓，把学习当成为父母“例行公事”

1. 嘴上积极响应，内心消极应对

因为特别注重实干，所以，无论是在生活上还是在学习上，实干型人格男孩用来思考的时间大都比较少。如果家长和老师引导得不好，他们很容易形成惯性，像被上了发条的木偶一样，在原有的程序下不停地旋转，形成墨守成规、保守消极的心态。

而且，他们还会形成这样一种思维倾向：只要努力做就会有收获，不管方向和办法是否有错误。有些时候，即便发现自己的学习或生活中存在问

题，因为害怕失败和麻烦，也不会努力想办法调整自己的状态。他们也总爱对父母和亲朋隐瞒，消极地应付或“不死不活”地拖着。

去年，于光迷上了滑冰。因为他的膝盖在小时候受过伤，所以我不希望他练滑冰。可他却听不进我的话，还说：“只要我肯练习，就一定能学好。”

练了没多久，于光就开始膝盖疼。他却根本不跟我们说这件事，依然每周去溜冰场练习。

有一次，他在滑冰的时候突然摔倒了，膝盖受了重伤。到了医院，医生奇怪地问我：“这个孩子的膝盖一个月前就受过轻伤，怎么还让他滑冰呢？”我听了后，一时不知说什么好。

——9岁男孩于光的父亲

从这个案例中我们可以看出，许多时候，一旦做出了决定，实干型人格男孩就不愿意轻易改变。不是他们有坚韧型人格男孩的坚韧精神，而是他们做事不愿意多思考，总爱保持惯性。

2. 做事时永远理不清头绪

在生活和学习中，实干型人格男孩能吃苦、有毅力。但同时，他们也容易走向另一个极端：不对自己所做的事情进行合理的取舍和分配，一心多用，导致他们做事时不分主次，眉毛胡子一把抓，最后，往往是“捡了芝麻，丢了西瓜”。

而此时，他们便开始消极对待自己所做的事情，不能及时吸取教训，从头再来。

初二那年，在一个网友的鼓动下，我开始在新浪读书频道连载小说，当时我想，自己学习成绩不错，写写东西也不会耽误时间，就算是提前实习了。

起初，只想写着玩，没想到，网友的反响还不错，于是一发不可收拾，写了十几万字。当时，老师和同学都对我抱有很大的希望，觉得我是小天才，能成为第二个韩寒。

后来，我忽然觉得到学校的广播室当小记者也不错。于是，又开始给广播室写新闻稿。父母发现我又写小说又写新闻稿，表示反对。可我没听他们的劝告，表面上说不写了，可暗地里还在写东西。

结果没过多久，我的小说点击率降下来了，而且没有一家报刊杂志肯转载，更没有出版社联系我，我也没有因此而走向文学创作之路。我给学校广播室写的稿子被选中的也越来越少。于是我把这两项爱好都放弃了。可这两个业余爱好还是影响了我的学习，中考时我没考上高中，只得复读。

——上海 ×× 企业员工孙原

在这个案例中，孙原本是一个很有天赋的实干型男孩，就是因为做事的时候不愿意多思考，又找不到重点，所以没能将才华发挥出来。

对此，实干型人格男孩大都意识不到。他们只相信实干，所以宝贵的时间被白白浪费。

“实干型”男孩的踏实质朴

实干型男孩质朴、厚道，在生活和学习中都十分听话、懂事。更难得的是，他们做事不容易受到各种负面因素的干扰，所以较容易保持平淡从容的心境，认真地做好每一件事。

1. 不怕吃苦，一步一个脚印

一般来说，孩子在生活和学习中大都怕吃苦，许多事情无法坚持下来。实干型人格男孩却不然，他们有极好的适应性，很少能感觉到苦痛和压力，能长时间保持淡然的心态，一步一个脚印，把事情坚持下来。

所以，在学校中，他们大都深得老师的信任，老师愿意把一些很难的、需要吃苦的工作交给他们去做。

文韬上小学五年级的时候，我做了一次大手术，出院后，身体很虚弱，只能在家调养。当时，他爸爸的工作压力也很大，整天忙得团团转，根本没有精力带他去少年宫学美术。在北京这种大城市，小孩子没有人陪着，肯定是不敢让他在外面乱跑的。当时，家里条件也不好，雇不起人送他去少年宫。我劝文韬放弃学习，可他却不肯，非要坚持去。

见文韬特别想坚持，我便帮他想了个办法：文韬他们班有个同学也在少年宫学美术，我们可以把那个孩子在课堂上画的画拿回家临摹，有不懂的地方，就向那个男孩请教。为了能画好临摹，文韬每天都要画好几幅画，到网上查阅很多资料，特别辛苦。就这样，他一天都没耽误，一直坚持了一年。

一年后，我的身体好了很多，又可以每周送他去少年宫学画了。到了少年宫，老师见了他的作品后，大吃一惊，说："文韬一年没来上课，不但没退步，反而是咱们班进步最快的同学！"

——11岁男孩文韬的母亲

在这个案例中，实干型人格男孩文韬之所以能把自己的爱好坚持下来，不是他不怕吃苦，而是他根本没有感觉到自己在受苦，所以他会表现出让人很震惊的耐力。这一优势，是其他人格类型的孩子所不具备的。

2. 不惧干扰，心无旁骛

实干型人格男孩之所以能心无旁骛地投入到所做的事情中，与他们心灵的宁静是分不开的。这种宁静帮了他们大忙，可以自动地把外界的各种负面干扰因素隔离开，减少对自己的伤害和阻碍，这样他们就不会产生太多的心理压力，能以较为轻松的心态坚守自己的理想。他们也能凭借这一独特的优势，在学习和生活中取得较突出的成绩。

小的时候，陈佳身体不好，经常生病。前年，为了增强他的身体素质，我通过熟人的帮助，让他进了市体校的田径队，当编外队员。

当时，我和爱人都没有指望陈佳出成绩，而且周围的亲戚朋友包括教练也都没看好陈佳，觉得他只是来“玩票”而已。

因为身体不好，第一年训练时，陈佳经常受伤生病，周围的孩子都嘲笑他是个“病猫”，没一个把他当成竞争对手。陈佳却丝毫没有理会大家的打击和挖苦，每天都练得十分认真。

有一次，他得了很重的肺炎，病好后，身体十分虚弱。我和爱人都劝他放弃，可陈佳却不肯，很快又投入到训练当中。

因为刻苦，陈佳的成绩提升得十分快。一年过去后，田径队的孩子，有一多半都没坚持下来，而陈佳不但坚持了下来，还成为正式队员，而且成绩越来越好。

——10 岁男孩陈佳的父亲

从陈佳这个男孩身上，我们可以看出实干型人格男孩的另一可贵之处：实干精神。因为有了这种优秀的素质，他们总是能承受其他孩子觉得承受不了的压力和干扰，所以他们能很快取得成绩，以最小的代价轻松排除各种干扰。

培养方法：只有实干还不够，学会巧干才会赢

在做事的过程中，实干型人格男孩特别享受做事的过程。他们觉得，每天进步一点，离成功就近了一点，这时，他们就会油然而生一种美好感觉：路在脚下，成功在眼前。

正因如此，他们不会像内敛型人格中的三类男孩那样，在做事前，要进

行周密的思考和精心的部署，努力取长补短。所以，在许多时候，尽管他们很听话很实干，可付出往往与收获不成正比。而这个时候，他们便容易产生消极应对的情绪，不再像从前那么努力。

所以，父母在引导实干型人格男孩的时候，一定要让他们在行动之前做好必要的准备，心中有数才能上路。

1. 教育口诀一：父母能帮他们缩小奋斗目标

在动画片《怪物史莱克》中，史莱克充分表现出了实干型人格男孩的一个显著优点：真实自然，不装，不做作。

他救公主的动机只有一个，就是把打破他平静生活的几个不速之客赶走，而且他还大胆地对周围的朋友说出自己的想法。他的英雄壮举很平凡很实在，没有一丝的浪漫与空想。可是，竟然是这样一个简单的理想，就让他战胜了火龙，救出了公主，成了一个了不起大英雄。

在这个动画片中，史莱克不像其他动画片的英雄男孩形象那样，浪漫、激情、唯美。他做一切事情都很质朴，保持着纯天然的心态。电影中有一幕特别有趣：史莱克救出公主后，不顾形象，把她往肩上一扛，撒腿就从城堡往外跑。公主大叫："喂！按照惯例，你现在要想成为大英雄，就应该勇敢地杀死火龙！"史莱克回答道："我才不管呢，我的小命要紧！"

在这个动画片中，史莱克和所有实干型人格男孩一样，表现出了很多"拙"的地方，但因为奋斗目标明确、精准，反而取得了很了不起的成就。

对于实干型人格男孩来说，他们和史莱克一样，很有本领，也有很大的潜能。但在遇到困难时，他们特别容易产生悲观消极情绪，而且还总是隐瞒自己对所做事情的真实想法，消极地、应付性地去做事，这样是不会有好结果的。其实，只要父母能帮他们缩小奋斗目标，选准他们最为擅长的事，他们往往能快速调整好心态，做出很了不起的成绩。

一帆7岁那年，我教他学习游泳。虽然一帆很努力，记住了下水后的每一个动作要领，可就是一直学不会。

一帆很失落，尽管他还是经常和我去练习，但我知道，他心里已经没有积极性了。

我劝他说："其实游泳最大的好处是可以练习一个人的胆量，你不必总想着下水时的动作，只要能克服对水的恐惧心理，练出胆子来，就达到目的了。游泳的技术放到以后再学。"

一帆按照我的方法开始尝试，很快对水就不恐惧了。之后，很快就学会了游泳，而且游得特别好。从那以后，一帆变得更自信了。

——7岁男孩一帆的母亲

在这个案例中，一帆的母亲发现孩子出现消极情绪后，及时调整孩子的学习方向，缩小学习目标，马上见到成效。这一举措虽然小，可对孩子心理的影响却十分巨大。

2. 教育口诀二：让孩子学会果断抉择

许多实干型人格男孩总是爱下意识地掩饰内心的想法。从表面上看，在做事和学习时，他们总是可以保持稳定的心态，比较沉着地对待失败和挫折。即使遇到较大的挫折，也看不出他们有多大的心理波动。

但此时，他们内心的波动是十分大的。最直接的表现是——他们在做事时，失败的概率会慢慢增高。长此以往，孩子就容易变得没有自信，做事前总是往坏处想。

英杰平时的学习成绩一直比较好，可今年期末考试时，成绩却很不理想。见孩子思想特别消极，我赶紧鼓励他，并帮他分析失利的原因。

我说："你平时的成绩是很好的，一定是考试时太紧张了。"

英杰很难过地说："可老师不这么看，他说我骄傲了，也不如上学期努力！"

我安慰他说："老师毕竟没有天天和你在一起，不可能像爸爸妈妈这样了解你。不过，你没考好，也跟你掌握知识不熟练有关。所以，我劝你，还是要缩短每天玩游戏的时间，由原来的每天一小时改成半小时。这样，就可以拿出更多的时间来温习功课。"

英杰有些不高兴："我也没因为玩游戏耽误学习，为什么要缩短时间？"

我说："玩游戏的确没耽误你学习，而且也锻炼了你快速思维的能力，可它只是一个业余爱好，并不是你将来要完成的事业。因此时间上一定要有所控制，给学功课让出更多的时间。许多事都是不能两全的，所以有些时候要懂得忍痛割爱。"

英杰听了我的话，减少了玩游戏的时间。不久，他的学习成绩就提升上来了。

——12岁男孩英杰的父亲

从这个案例中我们可以看出，许多时候，实干型男孩在做事时不善于做全局性的思考。如果做的事情过多，他们就很难合理地分配自己的时间和精力。同时，他们也很容易出现压力过大、心情过于紧张等问题，使他们无法发挥出自己正常的能力。在这种状况下，孩子就很容易出现悲观情绪。

所以，要想提升孩子的信心，父母就要成为孩子的好参谋。让他们做事时学会放弃，果断抉择，把自己的精力用在刀刃上，这样才能把一件事情做深做透。

3. 教育口诀三：在做事前学会周密计划

许多实干型人格男孩在做事时能吃苦、有耐力，但容易在时间管理上有问题，不能完全按既定的计划执行下去，这样就容易生出许多麻烦事。

所以，父母对他们进行引导时，要告诉他们，做事一定要有计划。首先，做事前心中一定要多权衡几遍，也可以和身边的亲人、朋友讨论一下，反复修改方法、步骤。其次，要把方法简要地写出来，做到心中有谱。这样就可以有效避免无谓的失误，提升孩子做事的成功概率。

志明小的时候身体较弱，所以体育成绩不太好，田径的成绩一直不达标。为此，我和他一起制定了一个为期一年的锻炼计划，无论是作息还是饮食，都要按标准的时间表进行。

为了能让计划实施下去，我不停地督促、检查并鼓励志明，每当中途出现问题，就及时帮他调整计划。

有一次，志明突然感冒了，无法按原定计划进行训练。他特别失望、着急，情绪坏到了极点。我安慰他说："小孩子生病是很自然的事，很快就会好的，你不用太担心。"

志明说："没按照计划进行训练，期末的时候，我的田径成绩还能达标吗？"

我说："只要我们一直坚持按计划来，就会有好的成绩。这件事情你不要考虑得太多。生病的时候，最重要的是按医生的嘱咐吃药休息。等身体调整好了，再慢慢按原来的计划加大运动量。"

志明听了我的话，不再焦虑了。病好后，他又开始进行有规律的训练。那年期末，他的田径成绩特别优秀。

——12岁男孩志明的父亲

在这个案例中，志明的爸爸发现了儿子容易悲观消极的弱点，所以，他为孩子制定了严密的训练计划。这种做法有两个好处：首先，孩子会通过自己的记录，随时发现自己在做事过程中细微的进步，从中得到正向鼓励，让自己变得更加积极阳光。其次，中途出现问题，需要总结经验教训时，孩子也有据可查，迅速做出正确的调整。

实战演练

实干型男孩在生活和学习中有很多特殊的表现，家长教育时偶尔会陷入误区。下面举几个小例子，说明我们提倡的应对方法。你不妨试一试，看看结果与以往有什么不同。

1．在遇到挫折时，消极应付，缺乏进取心

要劝孩子当机立断，放弃一些目标，重新制定新计划，然后坚持每天按计划表做事。

2．因为业余爱好而耽误学习

让孩子分清主次，并告诉他们时间及精力的分配方法。同时将孩子类似的爱好进行优化精简，尽量做到既不耽误学习，又成全孩子的业余爱好。

3．思考问题过于局限，不周全

让孩子养成思考成熟后再做事的习惯。做事前和父母、老师或同学商量，然后再写出计划方案。

4．不爱向家长透露学习上的困难

以鼓励的态度劝说孩子，同时举一些成功的案例，让他们明白，多与家长探讨学习上的事，就容易找到更好更省力的方法。

5．在学习时不注意总结方法，始终坚持按老思路想问题

不要空洞说教，更不要过于依赖培训班的老师，而要用一些和学习有关的生活实例启发他们打开思路。

6. 学习兴趣不浓，把学习当成为父母“例行公事”

不要让孩子产生自己脑袋笨或身体有问题等负面想法。鼓励孩子说出对学习产生厌倦心理的真实原因，然后有针对性地寻找解决方案。

比如，看见孩子学习时心情不好，父母可以这样引导孩子。

家长：“你今天一定在学习中遇到了什么难题，说说你的看法？”

如果孩子不说，家长要继续引导：“也许妈妈能帮你出个好主意，你就不必再为这件事情担心了。”

孩子说出自己的忧虑后，不管家长能否找到解决的好办法，对缓解他们的心理压力都是很有效果的。因为一方面父母可以替他们分担忧虑；另一方面，在与家长交流的过程中，他们对事情的看法会更全面、更透彻，就不会再往“窄处”想了。

PART 10

忠诚义气、软弱依赖——忠诚型男孩

忠诚型人格是中庸型人格中的一个分类型，这类孩子性格特别沉静，做事重情重义，在同学中人气很高。只是有时过于软弱依赖，容易做傻事。对他们的教育核心点，就是让孩子学会理性思考，独立完成任务，要明白：不事事依赖，才是对亲人最好的报答。

小测试：你的孩子是忠诚型男孩吗？

完成下面的小测试，观察你的孩子在生活、学习和与人交往时是否经常存在以下行为表现，是的请在前面的□里打√。

□ 1　对于喜欢的亲朋好友，能轻松找到接近他们并拉近关系的好方法。

□ 2　需要父母经常督促才能认真学习。

□ 3　对自己不喜欢的同学及小朋友，经常容易发生冲突。

□ 4　总爱说："老师（或家长）都决定了的事，保险，不会错的！"

□ 5　在着装上没多少主见，在家里跟谁最亲，就听谁的意见。

□ 6　不敢独立做事，很依赖父母和亲人。

□ 7　不在意亲朋对自己的偏见和误解，对他们始终很讲信义。

□ 8　对自己不喜欢的人疑心比较重。

□ 9　有时为了达到目标，总是不惜付出很大的代价。

□ 10　性情不稳定，很容易冲动。

如果"√"达到 5 个或以上，则说明你的孩子有忠诚义气的性格因素。如果"√"没有达到 5 个，那么你可以跳过这一章。如果有些答案是肯定的，那么本章就值得你继续读下去，并尝试其中的建议与方法。

你的孩子软弱依赖吗

忠诚型人格男孩做事谨慎，比较在意周围人的评价和感受，更在意维护与亲朋的忠诚、信义。但如果父母、老师引导得不好，他们很容易变得依赖性强、懦弱。

忠诚型男孩生活中的小问题：

●过度依赖父母或亲人，无法独立完成任务

●把老师或他人的话当圣旨，不管自己是否能做到都要尝试

●对和自己关系一般的人态度冷漠，过于注重“利益交换”的处事方式

忠诚型男孩学习中的小问题：

●把学习上出现的问题全推到老师或同学头上，不愿意从自身找问题

●总想让父母或同学帮着自己做题

●学习上的事从不愿意自己拿主意，全部听从老师和家长的安排

1. 过于依赖父母或朋友

如果父母引导得不好，忠诚型人格男孩就会表现出这样一种人格倾向：他们似乎永远要依赖亲人或朋友，无法独立做事情。同时，因为过于在意与亲人朋友的这种关系，以至于无法适应一些细小的改变或冲突。许多时候，因为很小的矛盾，他们便会“很受伤”，产生强烈的逆反心理。

在彬彬8岁那年，我承包了一个装修项目。这个项目在深圳，所以我要经常去深圳工作，有时还要住在那里。每次出差前，彬彬都会一直磨着我，要跟我一起去。

我出差回来后，他总是向我发脾气、闹别扭，不是抱怨爸爸不关心他，就是说老师冤枉了他。而在这之前，彬彬一直是一个特别温和懂事的孩子。

有一次出差前，趁我不注意，他把我的钱包偷偷拿了出来，害得我没有去成深圳。

此后，因为害怕他自己在家里做出出格的事，我去深圳出差时，只得带着他。周围的人都很奇怪地，总问我为什么这么大的孩子还要经常随身带着，弄得我也特别尴尬，不知如何解释。

——8 岁男孩彬彬的母亲

在这个案例中，忠诚型人格男孩彬彬的表现确实有些过激，但这是此类男孩最容易出现的一种反应。这其中有弗洛伊德所说的恋母情结因素，但更重要的是孩子产生了分离恐惧症，所以才出现过度依赖的问题。

如果父母忽视这个问题，最终的后果就是：孩子无法同不熟悉、不喜欢的人交往合作，容易变得保守、固执、消沉。

2. 为至爱亲朋的利益做傻事

在人际交往过程中，因为过于注重与家人和亲朋的关系，对于家人亲朋以外的人，忠诚型人格男孩经常视而不见：在与他人交往时，功利色彩过强，甚至会经常想着如何利用他人，给自己的亲朋好友带来利益和好处。如果事情没有按照他们的想法发展，便很容易和他人发生冲突，与他人进行“暗战”。

这几年，我二叔家的两个姐姐总要带着孩子来跟我们一起过年。两个姐姐住得远，前几年大家家境都不太好，所以走动得比较少。这几年大家日子过好了，走动才频繁了起来。

前几次在一起过年时，儿子吴坤和表姐一家相处得十分不好，他对两个堂弟爱答不理的。特别可气的是，如果他发现奶奶对两个弟弟好一些，心里就不舒服，总是找碴欺负他们。

去年过年时，因为争一挂鞭炮，吴坤和两个堂弟打了起来。本来是他没理，却向奶奶告恶状，因为奶奶没批评两个堂弟，他就闹个不停，弄得我特别没面子。

过完年，两个弟弟走了后，吴坤就又变回原来的那个乖孩子。对此，我和他奶奶都十分奇怪，也不知他脑子里哪根神经搭错了。

今年过年，两个表姐出钱，让奶奶、我们全家和他们一起去三亚旅游。三亚是吴坤奶奶盼了好几年想去的地方，到了那她玩得特别高兴。这一次，吴坤也不知怎么了，像换了个人似的，对两个弟弟“如春天一般温暖”。

——9岁男孩吴坤的母亲

在这个案例中，我们便可以清晰地看出忠诚型人格男孩的弱点：爱利用“不相干”的人。吴坤对两个弟弟的挑衅行为，并不完全是因为嫉妒，而是觉得他们和自己毫不相干，不能给自己喜欢的人带来好处。当他发现对方能给自己的亲人带来好处的时候，态度便发生了180度的转变。

因为过于在意自己依赖的人，忠诚型人格男孩总是忽视与其他人的人际关系。同时，在与亲朋的关系出现问题时，他们也很难理性对待，容易变得固执保守或感情用事，在生活和学习上会出现失常反应，甚至做傻事。

“忠诚型”男孩的忠诚义气

在人际协调上，尤其是亲朋之间的人际协调上，忠诚型人格男孩有着高超本领。他们特别善解人意，让亲朋跟他们在一起时，觉得又幸福又温暖。

忠诚型人格男孩特别珍惜、在意与家人和亲朋间的这种情谊。无论是在学习还是做事时，都要考虑给他们争面子、争利益。所以他们做事很少有闪失，一直可以稳定发挥，保持好成绩、好状态。

1. 重情重义热心肠

在忠诚型人格男孩身上，有着明显的侠义心肠。当然，这种“侠义”与我们民族传统文化中的还有所不同，并非遇到不平之事，该出手时就出手，他们的“侠义”精神只体现在他们依恋的亲朋身上。

忠诚型人格男孩会心甘情愿为依恋的人付出，让他们觉得“你们离开了我损失是很大的”，或者是“你们根本离不开我”。为了得到亲朋尤其是父母的认可好感，他们特别勇敢、坚强，几乎把自己所有的潜能都发挥了出来。

在上小学一年级的时候，班里的孩子在向大家介绍自己时，儿子胜利很骄傲地对大家说：“我爸爸是个民警，是个大英雄！”听他这么一说，同学们都十分好奇，纷纷问他：“那你爸爸救过人吗？立过功吗？”

回到家，胜利向爸爸问起这件事，我爱人说自己没有救过人，也没立过功，因为他是派出所的文职人员。可胜利却说：“那你是在为那些抓坏人的民警做帮手，间接立功！”

我爱人听了儿子的话，心里特别受用，兴奋了好多天。

此后，在别人面前提起他爸爸时，胜利还是说他爸爸是英雄。我爱人总是劝胜利不要这样夸自己，有些过分了。我却觉得孩子这么做没什么不妥之处，所以对爱人说：“儿子是在暗中给你力量，希望你越来越有成就，你就恭敬不如从命吧！”

——7岁男孩胜利的母亲

在这个案例中，忠诚型人格男孩胜利的表现很耐人深思。

家长不要认为，这只是孩子的一种下意识的表达。其实，这和忠诚型男孩的人格倾向有关——他们在意自己在亲朋心目中的地位，为了增进彼此的关系，会暗中做许多努力。

当然，忠诚型人格男孩的付出也总是容易得到超值的回报。他们会成为许多人的知心朋友，甚至是“心灵抚慰者”。这使得他们在将来的工作中也受益匪浅。

2. 家人关系的粘合剂

在生活中，忠诚型人格男孩是父母的忠实粉丝和拥戴者。他们不但经常用言语向父母表达自己真挚的感情，而且还会有实际行动，比如给父母削苹果、端洗脚水等，让父母感动不已。

此外，如果父母间起了冲突，他们定会巧妙地做调解工作，使两人快速地化干戈为玉帛。如果父母之间的感情出现裂痕，他们也不会听之任之，而是充分发挥自己的沟通协调能力，起到“粘合剂”的作用。

子豪 6 岁那年，我和他爸爸离了婚，不久他爸爸就娶了新夫人。

因为沉溺于新恋情当中，子豪爸爸对孩子的关心越来越少。新夫人年龄小，不懂节俭，花钱总是大手大脚的。所以，子豪的爸爸很快就变成了“贫民”，一直不给孩子抚养费。

为此，我对子豪的爸爸十分有意见。

可子豪却一直力挺爸爸，每当我向他抱怨时，他总是替爸爸开脱，诸如爸爸工作忙，新夫人管得太严等。家里有了好吃的，子豪总是藏起来，偷偷送给爸爸。

去年，子豪爸爸的钱财被新夫人挥霍一空。日子一穷，两人的矛盾就开始多了起来，最后只能一拍两散。

离婚后，子豪爸爸对自己当初的行为十分悔恨，有和我破镜重圆之意。

子豪见状，便绞尽脑汁帮他爸爸想办法。为了增加我们两人的交往机会，他不是谎称自己病了，就是需要爸爸辅导功课，让爸爸来我的住处看他。

尽管子豪十分用心，可我却一直不肯原谅子豪爸爸。子豪便学着电视剧里的台词劝我说：“您可以再找丈夫，可我却不能再找爸爸。在这个世界上，我只有这一个爸爸！”

子豪的这句话深深打动了我。经过他的不懈努力，今年年初，我和子豪的爸爸终于重新走到了一起。

——11岁男孩子豪的母亲

在这个案例中，子豪之所以能在这么小的年龄，就做出这种“超常”的举措，是因为他对爸爸有一种超乎寻常的爱，所以他能发挥出自己所有的潜能。

在许多时候，如果家里有了忠诚型男孩，家里就容易弥漫着浓浓的温情，父母的关系也容易变得越来越和睦。

培养方法：帮孩子划清忠诚与依赖间的界限

对于忠诚型人格男孩来说，父母最担心他们养成依赖型人格，生出一种“寄生”心态。这种心态不只体现在对父母的依赖上，有时也会体现在对事物和环境的依赖上，比如出现恋物癖等问题。同时，因为把绝大多数精力都用在自己喜爱人物的身上，他们还容易变得故步自封，出现自闭倾向。

所以在对忠诚型人格男孩进行教育和引导的时候，还要在孩子的独立人格塑造上下大工夫。培养孩子的独立性、自主性和创新性。如果父母和老师引导得力，忠诚型人格男孩会把自控能力强、心境平和的优势充分发挥出来，在学习和生活上都会取得巨大成功。

1. 教育口诀一：引导孩子学会理性思考

这个世界有没有永远不变的朋友和仇敌？如何处理“敌人”与亲人间的矛盾……这些困扰忠诚型人格男孩的问题，在动画片《狐狸与猎狗》中得到了完美的解答：只要把心胸打开，天敌可以成为朋友，亲人间的误解也会轻松消除。

在该片中，当小猎狗小铜的哥哥因追杀小狐狸陶德而受重伤后，小铜毅然了断了与陶德的友情，把他当成了敌人，与猎人一起去捕杀陶德。这一点充分暴露了忠诚型人格男孩“愚忠”的特点。

在生活中，因为对亲情的高度依赖，许多时候，忠诚型人格男孩容易感情用事，往往会因此而引出祸端。

比如：他们会认为学习是为父母学的，如果父母对他们好，他们就会努力学习；如果父母与自己有了误解或争吵，他们便不再好好学习，以此来报复父母。

那么，如何让孩子理解亲情友情的内涵，如何慢慢学会情感独立呢？

在该片中，狐狸陶德给出了答案。

当小铜步步紧逼，就要抓到小狐狸陶德时，它们遭遇了凶恶的黑熊。陶德原本可以借此机会摆脱小铜的追捕，但危急关头，考虑到与小铜之间曾有过的情谊，陶德勇敢地与黑熊搏斗，在自己也受了伤的情况下，他还是将熊引向瀑布。熊由于自身重量摔下瀑布，小铜和猎人得救了，然而猎人仍然要杀陶德。这时，小铜终于学会了理性思考，明白了情谊的真谛，他用身体挡住陶德，猎人被他们感化。

这告诉我们一个道理：在现实生活中，只有理性的忠义才能真正帮助亲朋获得幸福快乐，才能真正成为一个人的闪光点。不然，一个人就容易变得愚忠，反而会给自己和身边的亲人带来伤害。

我爸爸在机关工作，可出于种种原因，他一直没得到提拔，工作十几年了还是普通科员。所以，爸爸把自己的理想全压在了我的身上，希望我能好好学习，考上名牌大学，将来进入机关，实现爸爸青云直上的理想。

我从小就喜欢打羽毛球，而且也比较有天赋，上小学二年级时，就已经是校里的明星了。可爸爸怕耽误我学习，一直不让我打。妈妈怕我身体不好，所以没有让爸爸完全限制我。怕爸爸不高兴，我总是偷偷摸摸地去打球，跟做贼似的，十分不舒服。

上小学五年级时，妈妈和学校的老师见我打得越来越好，就希望我加入校队，同时让我利用业余时间去少年宫学习。可爸爸却坚决反对。妈妈十分生气，劝爸爸说："长大走仕途是你的理想，可孩子未必喜欢，你强加给他是没用的。打球既能锻炼身体，又能提升他的人际交往能力，将来他还可能成为职业选手，有什么不好？他是男孩子，我们要让他学会自己拿主意。我们会老的，不能永远替他做主。"

我怕爸爸生气，马上跑上前对妈妈说："我现在已经不喜欢打羽毛球了，因为前几次打的时候脚受了伤。"

就这样，我为了爸爸，彻底放弃了打羽毛球的爱好。

——11 岁男孩赵轩宇

在这个案例中，从表面上看，忠诚型人格男孩赵轩宇特别懂事、特别体谅父母。但如果理性分析一下，就会发现很多问题。孩子放弃自己的个人兴趣，一味地去讨大人的欢心，挫伤了孩子的自尊心和独立人格，这会给他们的人生观带来许多负面影响：在他们看来，一切都由"靠山"来安排就万事大吉了，自己根本不用亲自做决断，更不用对自己做的事情负责。这样，时间一长，孩子容易变得依赖性强、脆弱，长大后也容易成为"随风倒"、没有主见的"应声虫"。

2. 教育口诀二：从细节小事上培养孩子的独立性

忠诚型人格男孩的父母，一定要抓住生活细节，从小锻炼他们的自立能力，让他们学会克制自己的情感，对父母依恋但不依赖。这样，长大后，他们各方面能力提升了，才能很好地回报父母亲人、回报整个社会。

有些父母往往容易忽视这个问题，最终的后果是：孩子无法正常地与不熟悉、不太喜欢的人交往合作，生活适应能力差，变得保守、固执、消沉，在生活和事业上，总是成为强者的附庸，难以有所作为。

为了减少孩子的依赖心理，父母可以先从小事培养孩子的独立人格，逐渐降低他们精神上对父母的依赖程度，然后不断地加大难度。

比如：对于稍大一些的男孩，父母要让孩子学会自己使用洗衣机洗衣服，用微波炉热食品，或者自己泡方便面等。这样，父母不在身边时，他们不会因处理生活方面的小事而产生焦虑感。

灿灿8岁那年，因为工作的原因，我们要从广州搬到北京去住。听到这个消息，灿灿一直十分难过，因为他不想离开亲戚朋友，所以脾气一下变坏了，不停地和我吵架。

为此，我咨询了一个专家，他告诉我说："搬家前，一定要提前向孩子讲明搬家的原因。同时，把要遇到的困难也对孩子说清楚，还要有针对性地给孩子提出一些应对方法。"

听了专家的话，我马上和灿灿深谈了一次。

灿灿一听说我要谈搬家的事，马上反驳道："我不去！去了北京，广州的朋友就没法见面了。"

我安慰他说："到了北京，很快就会有许多新朋友。"

灿灿说："那也不会比广州的朋友好。"

我说："你虽然离开了广州，但并不意味着就失去了原来的朋友。过节和寒暑假的时候，我们仍然会回来。况且，都是中国人，北京的孩子和广州的孩子没有太大区别，他们怎么就不会成为你的好朋友呢？"

灿灿说："我听电视上说过，北京的孩子会欺生。"

我说："孩子之间的了解是需要一段时间的，不可能马上就熟悉，更不可能一见面就成为好朋友。"

灿灿抓到了我话中的漏洞，马上说："是呀，你都承认到北京交不到好朋友了，所以我坚决不去！"

——10岁男孩灿灿的母亲

在这个案例中，灿灿的母亲之所以无法在短时间内说服儿子，是因为孩子身上已养成了过度依赖倾向。如果不及时引导，他会表现出这样一种人格倾向：永远依赖亲人或朋友，无法独立做事情。他过于在意与亲人朋友的这种关系，以至于无法适应细小的改变。

所以，忠诚型人格男孩的父母，要格外重视树立孩子的独立意识。对于孩子要面临的许多事情，都要征求他们的意见，问他们“你对这件事是怎样理解的”，而不能像“圣人”一样，滔滔不绝地灌输、不失时机地纠正。而且，对于孩子可以做的事，不管孩子能否做完美，家长都要放手，对孩子说：“你自己尝试一下就明白了！”

3. 教育口诀三：努力培养孩子的个性和创造力

对于许多忠诚型人格男孩来说，如果家长管得太厉害，他们的依赖心理就会越来越严重，因处处委曲求全而产生压抑感。这种压抑感会阻止他们培养和发展个人爱好，他们的创造性也会受到极大的压制，做事时总是需要协助、把关或指导，永远无法独立。

我9岁那年，弟弟出生了。爸爸对我开玩笑说：“你有了弟弟，不再是我们家的‘小皇帝’了。爸爸希望你快点成为一个小男子汉，给弟弟做榜样。”

果然，自那以后，爸爸对我的约束便少了许多。弟弟多病，妈妈天天忙着照顾他，也没多少时间理会我。

后来，我对家里的电脑产生了兴趣，每天装了拆、拆了又装的，反复“祸害”。妈妈总想制止我，可爸爸却不让她管，还特别支持我，总是到二手电脑市场帮我买各种零件。他总是对妈妈说：“你不能总把孩子拴在自己眼皮底下，让他折腾去吧！”

有一次，我在修电脑的时候，用打火机烧导线时，不小心把旁边的衣服给点着了。幸亏我扑救及时，不然极有可能酿成大祸。可爸爸并没有批评我，只是告诉我正确的修理方法和修理时的注意事项。

12 岁那年，我就可以轻松地组装电脑了，亲朋的电脑有了问题，也是我来给他们修理。我觉得，小时候的这些积累，为我如今搞软件开发打下了坚实的基础。

——北京 ×× 公司总经理郑重

在这个案例中，因为弟弟多病，妈妈没有时间把郑重“拴在身边”，这反而成全了他，让他有机会施展自己的才华和创造力。

由此可见，家长在对忠诚型人格男孩进行教育时，要更多地考虑这样一个问题：如何给孩子一个独立的空间，让他们尽情地展示自己的个性，发挥自己的创造力。

实战演练

忠诚型男孩在生活和学习中有很多特殊的表现，家长教育时偶尔会陷入误区。下面举几个小例子，说明我们提倡的应对方法。你不妨试一试，看看结果与以往有什么不同。

1. 在生活中过度依赖亲人，无法独立完成任务

不能包揽一切，要故意把孩子可以独立完成的一些事情交给他们处理，以免其形成“心理依赖”。这一引导过程要循序渐进，不能操之过急，以免他们因心理难以承受而节外生枝。

2. 把老师或他人的话当圣旨，不管自己是否能做到都要尝试

不要嘲讽孩子。发现老师的言行有错误时，就以此为案例，告诉孩子，要理性分析其他人的话，不能盲从。

3. 对和自己关系一般的人态度冷漠，过于注重“利益交换”的处事方式

要对孩子详细地说明“利益交换”容易出现的负面后果。在分析时要理性，不要加入太多个人的感性评论。

比如，孩子不愿意和邻居家的孩子一起玩球时，父母就要努力进行正面引导：

妈妈：“小飞和小鹏都挺可爱的，你怎么不跟他们玩呢？”

孩子：“他们不讲卫生，衣服总有臭味。”

妈妈：“这的确是个不好的生活习惯，可这不影响你和他们成为好朋友。说不定成为好朋友后，你还能帮助他们养成讲卫生的好习惯呢。”

孩子：“他们学习成绩不好，在学习上没法帮助我，怎么可能成为好朋友？”

妈妈：“要成为好朋友，是需要长时间接触的。这样才能知道他们的优点和长处，才可能喜欢对方。其实，据我所知，这两个孩子虽然学习成绩不好，但优点可多了，比如小飞足球踢得好、小鹏特别会讲笑话。你要是和他们成为好朋友，一定会特别快乐。”

孩子：“是吗？”

妈妈：“是呀，所以妈妈建议你，有时间的话，多去找小飞和小鹏玩。”

4. 把学习上出现的问题全推到老师或同学头上，不愿意从自身找问题

孩子学习成绩出现问题时，要理解孩子的感受，不要讽刺挖苦他们。要和孩子一起想办法，找到提升他们学习成绩的好方法。

5. 总想让父母或同学帮着自己做题

鼓励孩子自己找答案，而且不能破例。宁可孩子完不成作业，受到老师的惩罚，也不能让孩子养成依赖父母和同学的坏习惯。

6. 学习上的事从不愿意自己拿主意，全部听从老师和家长的安排

不要把孩子的依赖心理当成“乖巧”和“温顺”。在学习中，遇到简单的问题，要鼓励孩子自己拿主意；遇到复杂的问题，可提供几种答案，让他们选择。

PART 11

缜密睿智、任性散漫——缜密型男孩

缜密型人格是内敛型人格中的一个分类型，这类孩子性格内敛，做事条理清晰，临危不乱。只是有时过于任性散漫，不合群。对他们的教育核心点，就是让孩子不能总打小算盘，要有集体意识，要明白：做人做事时，有些规矩、底线是不能轻易打破的。

小测试：你的孩子是缜密型男孩吗？

完成下面的小测试，观察你的孩子在生活、学习和与人交往时是否经常存在以下行为表现，是的请在前面的□里打√。

□ 1　做事有些偏执，对自己认定的事爱钻牛角尖。

□ 2　学习上不费力气，不用父母太多督促，但总爱耍小聪明、走捷径。

□ 3　在公众场合，特别不爱笑，眼神总是显得很忧郁紧张。

□ 4　总爱说“这件事让我再想想”。

□ 5　着装不讲究，风格单一，也很少能做到时时干净整洁。

□ 6　做事从不太在意别人的负面评价，觉得争取到了自己应得到的东西才是最重要的。

□ 7　做事时善于察言观色，善于在内心反复思考，并能很快总结出极好的解决办法。

□ 8　在做重大事情时，能表现出内秀式的聪明，在激烈竞争的情况下，能出人意料地获胜。

□ 9　有时为了达到自己想要的结果，做事手段有些过火。

□ 10　在做人做事时，总会尽最大可能保护切身利益。

如果“√”达到5个或以上，则说明你的孩子有缜密睿智的性格因素。如果“√”没有达到5个，那么你可以跳过这一章。如果有些答案是肯定的，那么本章就值得你继续读下去，并尝试其中的建议与方法。

你的孩子任性散漫吗

缜密型人格男孩十分睿智，做事讲究技巧方法。因身怀这一“绝技”，那些在普通孩子看来难以逾越的障碍，对他们来说，只是寻常小事，所以他们常被老师和同学夸奖为“小超人”。但如果家长和老师引导不好，他们做事时容易耍小聪明、打擦边球，甚至为眼前利益不惜打破道德约束。

缜密型男孩生活中的小问题：

- 不喜欢或很少和周围的孩子交往
- 总是对家长隐瞒自己的真实想法
- 与朋友交往时总爱用心机，不真诚

缜密型男孩学习中的小问题：

- 在学校中不善于和同学合作，也不愿意帮助他人
- 在学习上总爱偷懒耍滑
- 不诚实，总爱隐瞒自己的学习成绩

1. 喜欢用投机来获得胜利

缜密型人格男孩在做事时，能沉下心完全投入到自己所做的事情当中。只是在做事的过程中，他们不太愿意和其他人交流，总爱武断地采用一些馊主意，也不管这些馊主意是否违背道德规范、是否会带来可怕的后果。所以在很多时候，这种投机的做法容易给他们惹来祸端。

张毅10岁那年，要参加班里的运动会，见班里几个孩子都穿了耐克牌运动鞋，他也特别想要。我见他脚上的李宁牌运动鞋还很新，就劝他等鞋旧了再买。

张毅没有耍赖、哭闹，很乖地走开了，一连好几天也没提这件事。有一天，张毅的鞋子上忽然蹭上了一大块油漆。他说是在小区里玩时，不小心蹭到一家店铺的门上了。我当时也觉得蹊跷，但还是给他买了双耐克牌运动鞋。

有一天，小区的李奶奶看见我时惊异地对我说："你们家小毅也不知怎么了，故意把鞋子往人家新刷了油漆的门上蹭。"

我听完后，马上明白了张毅鞋子蹭漆的原因。

——12岁男孩张毅的母亲

爱出馊主意是缜密型人格男孩最容易犯的错误，原因在于：他们不爱与父母沟通，在父母拒绝他们的要求时，他们总爱想一些馊主意来对付。在这方面，他们可谓"有勇有谋"，能巧妙地实现自己的愿望，只是从不理会自己这个办法是否对父母造成伤害。

2. 自恋，不合群

缜密型人格男孩大都不爱讲话，也不大喜欢人际交往，喜欢做"宅男"。如果家长引导得不好，他们极有可能越变越"古怪"，难以融入集体。这样，将来工作时，他们就极有可能缺少朋友的支持，而陷入孤掌难鸣的困境。

李帅从小就喜欢奥数，经常在比赛中得奖。平常没事，他总是一个人待在家里，很有耐心地做题、看书。见他练得专心，我和他爸爸怕打扰他，很少和他说话。时间一长，李帅在学校时也不爱和别人说话了，偶尔和别人说说话，除了奥数，也几乎没什么别的话题可说。

那一年，李帅的奶奶去世了。李帅小时候是奶奶带大的，所以他和奶奶特别亲。老人突然去世，使得李帅特别受打击——他变得更不爱说话了，在学校也不爱和小朋友玩。

我见情形不妙，就给他报了一个篮球班，可没过几天他就不愿意练了——因为不爱和人交流，大家都不爱给他传球。

为此我一筹莫展，不知该怎么改变他的“古怪”性格。

——11 岁男孩李帅的母亲

在这个案例中，李帅其实已出现了轻度自闭的心理问题。在生活中，和李帅一样，缜密型人格男孩在犯了错误或遇到打击时，特别容易出现过激反应：不愿意和周围的人交流，总是自己想办法暗中对抗。

他们之所以这样做，除了过于自负、自恋外，还有一个原因就是他们过于担心同学朋友的风言风语，怕受到二次伤害。所以他们很少和大家交流，万一有人在谈话中不小心揭开了他们的伤疤，他们就会特别恼火，很容易出现报复心理。

“缜密型”男孩的缜密睿智

缜密型人格男孩的聪明，与激情型人格三类男孩的聪明不同，后者是一种比较外露的聪明，而缜密型人格男孩是典型的内向型人格，是内秀式的聪明。他们平时不太爱讲话，但是在生活和学习上，一做起事来，就能充分显示出他们的人格优势：缜密细致、有条不紊。

1. 遇事不慌，临危不乱

缜密型人格男孩在学习和做事时，总是不慌不乱，能静下心来缜密思考。因为对周围的人和事有着极强的敏感度，所以他们找出的解决办法都特别奏效。

同时，缜密型人格男孩十分自信，他们从不迷信书本理论和专家建议，敢于挑战权威。也正因如此，他们很愿意闷头进行一些改革创新和发明创造，以此来展现自己的聪明才智。

今年春天，孙焕参加了少年宫的一个航模兴趣班。年底的时候，他想自己制作一个特别酷的航模去参加区里的比赛。可他爸爸忽然得了重病，要进行大手术，考虑到家里的条件，我让孙焕退出了航模兴趣班，更不支持他花钱去买那些昂贵的制作材料。

可孙焕没有气馁。他把家里和亲戚家的废品全部收集起来，到废品收购站卖了一些钱，再加上自己攒下的压岁钱，很快凑足了材料费，做出了航模。

结果，区里的比赛中，孙焕得了一等奖。不但得了奖杯，还得了一笔奖金。

——10 岁男孩孙焕的母亲

这个案例中，在愿望没有得到支持时，缜密型人格男孩孙焕没有哭闹，更没有放弃。他巧妙利用自己身边的各种关系，以最小的投入，做成了自己想做的事，而且还得到了可观的经济回报。由此我们可以看出，缜密型人格男孩“不走寻常路”的闪光点。

当然，也有一些家长没有意识到孩子的这一优点，总觉得他们太有主意、不听话，这是很不明智的。缜密型男孩的这种人格倾向是十分可贵的，只要家长引导得好，他们一定会在将来的工作和生活中展示出自己超凡的才能与智慧。

2. 做事有条理，为人有原则

许多缜密型人格男孩在学习和做事时，都特别有条理。他们不会像激情型人格的三类男孩那样，做事凭感觉，一拍脑袋便马上做决定。他们特别讲究原则和方法，事前总是要进行详细的调研、考察和规划，等到胸有成竹时才肯行动。

正因为事前准备充分，所以他们做事轻易不出手，一旦出手，很少会落空。

和丈夫离婚后，我独自抚养浩瀚，家里虽然雇了保姆，可对浩瀚的照顾还是不太周到，让我十分苦恼。前不久，我升为公司副总，整天忙得焦头烂额，更没有时间照顾浩瀚了。

有一次，保姆晚上不想做饭，就把变了质的剩菜热给他吃。结果，浩瀚食物中毒，病了很长时间。

浩瀚的爷爷奶奶住在西部一个较偏远的县城，都已经退了休。听说这件事后，特别心疼浩瀚，就想把他带到县城去上学，全心全意地照顾他。

我虽然有些舍不得，可为了浩瀚好，不得不忍痛答应了两位老人的要求。

可浩瀚却坚决不同意。

一方面，他舍不得爸爸妈妈及老师同学；另一方面，他觉得到了小县城，就没法经常去五棵松篮球馆看全国篮球联赛了。

为了说服我和他爸爸，他从网上找了好多资料：有一些是证明西部教育落后局面的，还有一些是谈老年人带孩子弊端的。他拿着这些资料向我和他爸爸摆事实、讲道理。

接着，浩瀚又以看周杰伦的演出为诱饵，把表姐从上海拉到了北京，替他做说客。之后，他又用花招，把大姨、小舅，还有我的一个大学同学——拉到家里当说客。

最后，我和他爸爸被他搅和得实在招架不住了，只得答应他的要求。

——12岁男孩浩瀚的母亲

从浩瀚的身上我们可以看出，聪明变通是内敛型男孩“招牌式”的优势之一。他们身上所表现出的勇敢，不是许多激情型男孩那种以卵击石的大无畏精神，而是善于利用一切有形和无形的条件，成功借势，以巧制胜。

培养方法：不破坏规矩，接受规矩的约束

在对缜密型人格男孩进行教育时，除了要教会他们适应环境外，还要让他们形成较强的团队意识。不能为了自己的利益，而做出一些损害同学、伙

伴利益的事情。

不过，在引导的过程中，家长的赞扬与激励是极为重要的。因为这类孩子都特别内向，家长要通过多种正向引导，潜移默化地改变他们的言行。

1. 教育口诀一：学会适应新环境、改变新环境

在动画片《精灵鼠小弟》中，导演向孩子诠释了一个简单却很深刻的道理：如何融入一个新的环境，如何与不喜欢自己的人相处。鼠小弟斯图亚特通过自己的聪明和智慧，感化了嫉妒自己的宠物猫斯诺贝奥，摆脱了野猫的攻击，靠自己的智慧和爱心过上了幸福的生活。

斯图亚特的传奇经历，对所有缜密型人格男孩来说都是很有启发意义的。

在该片中，斯图亚特从孤儿院来到新的家庭后，主人的儿子乔治一点也不喜欢这个“矮小”、不爱说话的弟弟。可乔治的父母却给了斯图亚特浓浓的父爱和母爱，受到鼓舞的斯图亚特心态十分积极，一直努力和乔治改善关系。不久，他终于找到了一次好机会。

在一年一度的航模比赛中，乔治的遥控器不幸被几个顽童踩坏了，不得不退出比赛，小乔治十分伤心。这时勇敢的斯图尔特驾驶着航模加入了比赛的行列，并最终获得了第一。

斯图亚特用自己的聪明和勇敢赢得了乔治的喜爱，并很快融入新家庭当中。

斯图亚特不仅适应了新环境，还用自己缜密的智谋，改变了新环境。

因为斯图亚特得宠，宠物猫斯诺贝奥十分嫉妒，他联合“人烟”等几只野猫，共同策划了一个阴谋。斯图亚特先是被假冒的父母接走，接着又被“人烟”等几只野猫残酷追杀。在这一过程中，斯图亚特表现出了缜密型人格男孩特有的机灵，他巧妙地与对方周旋，没有丝毫畏惧。最后，宠物猫斯诺贝奥被感化，也转过头帮助斯图亚特，两个人终于战胜了野猫，化敌为友。

在现实生活中，因为较内向，缜密型人格男孩适应新环境的能力还是较

差的。在这个时候，父母要做的不仅是鼓励，还要想办法，给他们找到融入新环境的好方法。

当然，要想快速融入新环境，就需要在短时间内展示出缜密型人格男孩的聪明才智。这对慢热型的缜密型人格男孩来说，的确是一个很大的挑战，父母一定在这方面多帮助孩子。

去年我们搬到了一个新小区，宽宽一直不太适应，几乎每天放学后都闷在家里，不出去玩。

今年寒假，宽宽一连多日都闷在房间里玩魔方。我就劝他说："你一个人在家里的时间太长了，妈妈希望你出去找小伙伴玩一会儿。"

宽宽却说："可这个小区的孩子只爱踢球，我不喜欢。我想在三分钟之内把魔方弄好，可一直达不到这个速度。"

我说："小区里有许多孩子还不知道魔方有这么好玩，如果你愿意教他们，他们就不会每天都踢球了。还有，和他们玩的时候，你不妨和他们交流一下，让他们帮你出出主意。这样，你就会拼得更快了。"

可宽宽说："那多麻烦啊！我一会上网查一下，很快就能找到很多种方法。"

我说："网上只能看到方法，很枯燥。和小区的孩子一起玩，大家边玩边商量，很快就能学到很多方法，那多有意思呀！"

没想到，我这句话一下说动了宽宽，他马上下楼找小朋友玩去了。

——9岁男孩宽宽的母亲

在这个案例中，宽宽的妈妈发现了孩子不愿意和他人交流的情况后，积极干预，问出了孩子"自闭"的真实原因。所以她的劝说就有了针对性，特别有效果。

由于神经类型的关系，缜密型人格男孩总是想得很多、说得极少，而且他们不愿意和不熟悉的人进行深度沟通。但这并不意味着他们不愿意和周围的小朋友交往、玩耍，而是他们希望这种沟通有一个度，有一个循序渐进的发展过程，要“小火慢炖”。所以他们和周围人的关系不像外向型人格那样，一下子成了挚友，或一下子变成仇敌。

对此，家长一定要有一个深度的了解。要根据孩子的实际情况，多费一些心思和时间，给孩子搭建交往的桥梁，多做沟通解释工作，让周围的小朋友加深对孩子的理解，使他们的友情越来越深厚。

同时父母们也要明白这样一个道理，孩子不爱说话并不是什么弱点，家长也不必非要逼着他们多说话。因为，与别人进行良好的沟通交流，不是靠爱说话或多说话就能做到的。内敛型的三类男孩虽然话很少，却十分善于通过文学艺术等方式，巧妙地表达自己的内心感受。父母要多鼓励他们发挥自己的这一特长，加强他们与他人深度沟通的能力。

2. 教育口诀二：让孩子感受团队的重要意义

因为说得少、想得多，在做事时，缜密型人格男孩大都比同龄的孩子显得聪明、有韬略。在生活中，他们就会特别重视自己的这一特长，也希望别人能知晓并重视自己的特长。所以，他们在为人处事时，会暗藏着一种很强的展示欲。但他们不会像外向型的男孩那样，把自己的这一心理时常表现出来，他们总是克制得很好，不轻易显山露水。

这一点，本是缜密型人格男孩的优点，但在很多时候，如果家长和老师引导得不好，他们也极容易陷入聪明反被聪明误的窘境，出现团队意识差、爱耍小聪明、自私自利、做事不计后果等问题。所以，父母在教育时，首先要加强他们的集体意识，让他们真正融入幼儿园、学校的集体生活当中。这对于他们将来走向社会也是极有好处的。

在上小学六年级的时候，我是校队中4×100米接力的成员。那年

“六·一”前夕，我们要代表学校参加区里的比赛。

可恰好比赛那天，我最喜欢的明星——歌神张学友要来市里演出。妈妈单位分到了两张票，当时我特别想去看这场演出，就对妈妈撒谎说自己病了，不能去比赛了，让他们另找一个同学接替我。

妈妈很快知道了我的心思，马上制止我说：“我不和你讲大道理，你想想，比赛结束后，你几乎天天要和那三个朋友见面。如果获奖了，大家都在谈那天比赛的事，你总插不进话，也分享不到成功的快乐，不觉得尴尬吗？”

我说：“也许我们会失败呢。”

妈妈说：“失败后，大家谈的话题依然是比赛，会彼此互相鼓励。这个时候，是增进友谊的最好时机。”

见我不说话，妈妈又说：“张学友的演出这次错过了，下次还有机会。可同学的友谊和信任一旦失去，就很难挽回了！”

妈妈这句话一下点醒了我，我很快就决定放弃看演出，参加区里的比赛。

——北京××大学学生郭源

在这个案例中，郭源的妈妈采用的教育方式比较有针对性。她用感性的手法，直接描述了孩子不参加比赛所带来的负面场景，让孩子有一种身临其境的感觉，会造成较深的心理冲击，所以说服效果特别显著。

此外，父母要培养缜密型人格男孩的集体意识，最重要的一点还是要加增加他们对世事人情的理解深度。比如，帮他们挑选有意义的图书、电影、音乐等，让他们欣赏。在孩子看过、听过后，父母要有针对性地进行引导、启发，而不要总是很主观地认为，孩子会自然而然地受到启发和感化。

3. 教育口诀三：对孩子靠打小算盘取胜，说“NO”

在学习和生活中，缜密型人格男孩总能巧妙利用自己身边的各种关系，如同学、亲友等，以最小的投入，靠小聪明甚至是鬼主意做成自己想做的事。

有时为了实现自己的愿望，甚至机关算尽，丝毫不顾及父母亲朋的经济现状及心理感受，把“聪明”发展成了“狡诈”。

所以，在对缜密型人格男孩进行教育时，家长一定要向孩子讲明，一个人做事要踏实，要一步一个脚印地进行，一味想走捷径，最后只能是胜利一时、失败一世，搬起石头砸自己的脚，无法取得好结果。

小虎9岁那年，见表哥买了一双很贵的名牌轮滑鞋，他也特别想要。可我觉得他原来的轮滑鞋还可以用，便不想给他买。小虎见自己的愿望没法在我这实现，就开始打爷爷奶奶的主意：他以原来的轮滑鞋不安全、有毛病为由，说服两位老人掏钱给他买了那双名牌轮滑鞋。

我听了这个消息后，特别生气，立刻劝他将轮滑鞋退回商场，小虎死活不肯退。我就对他说：“你原来的轮滑鞋是正规厂家的产品，没有任何质量问题，也很安全，你滑了半年多，从来都没出过事。你向爷爷奶奶说这双鞋质量有问题、不安全，就是撒谎的行为，我肯定不会支持你做这种事。”

小虎辩解说：“可是前天滑轮滑时，我的膝盖的确是摔青了。爷爷奶奶问起这事了，又不是我主动要告诉他们的。”

我说：“滑轮滑摔跟头是正常的事，和你原来那双鞋没有任何关系。”

小虎又辩解说：“我又没让他们买，是他们主动为我买的！”

我说：“你非说原来的鞋有问题，爷爷奶奶是心疼你，怕你出危险才买的。他们也不知道你是忘记戴护膝才把膝盖摔青的。”

见小虎不再说话，我又劝他说：“爸爸妈妈和爷爷奶奶都是普通人，你要学会心疼和体谅家长的难处，不能为了炫耀，就买一个本可以不买的东西。更不应该的是，你大费心机，想方设法欺骗他们！”

最后，在我的坚持下，小虎终于把轮滑鞋退回了商场。

——9岁男孩小虎的母亲

在这个案例中，当小虎的妈妈发现孩子利用计谋得到自己想要的东西时，并没有姑息迁就，而是马上要求退回。从表面上看，这种做法似乎过于严厉，但如果仔细分析就会发现，孩子的所作所为并不是一件小事，涉及孩子品格塑造的大问题，所以小虎妈妈的做法是十分恰当的。

父母在引导时要注意的问题是：缜密型人格男孩在做事时总是想得很多，主要原因在于他们不爱与人沟通。所以父母在拒绝他们的要求时，要事先想清楚解释策略和安抚方法后再行动，让孩子从内心认同家长的做法，绝不能敷衍了事。不然，他们极容易想歪主意对付家长，或者想出一些“怪主意”以达到自己的要求。

实战演练

缜密型男孩在生活和学习中有很多特殊的表现，家长教育时偶尔会陷入误区。下面举几个小例子，说明我们提倡的应对方法。你不妨试一试，看看结果与以往有什么不同。

1. 不喜欢或很少和周围的孩子交往

要有意识地给孩子培养一项需要团队合作的业余爱好，比如足球、篮球等，然后帮助他们和小伙伴多沟通交流。

2. 总是对家长隐瞒自己的真实想法

不要疑神疑鬼地向孩子的同学打探孩子的事情，如果孩子不肯透露，要尊重他们的隐私，不能强逼着孩子说。最好的办法是：通过一些不经意的沟通，引导孩子袒露自己的内心世界，加深彼此的理解。

比如，孩子被同学欺负了，却碍于面子不提这件事，总想自己想办法报复对方，妈妈发现他胳膊上有伤后，就要这样和孩子沟通：

妈妈：“你手上的伤显然是被打的，根本不像你说的‘是摔的’，你看还有指甲的刮痕呢！”

孩子：“是同学闹着玩儿弄的，没关系的。”

妈妈：“可这个同学出手太重了，妈妈担心的是，如果这次我们不理会，下次他出手就会更重，因为他不知道你很痛很难受。”

孩子：“不会的。”

妈妈：“妈妈知道你特别善良，不想惹事。可你才8岁，有些事你自己是处理不了的，需要妈妈帮你，等你再大些，成了真正的男子汉，妈妈就不用操心了。”

孩子：“好吧，是李鑫打的……”

3. 与朋友交往时总爱用心机，不真诚

不要当着朋友或外人的面批评孩子，或揭露他们心里的小算盘。要多通过具体案例引导、启发他们，让他们体会到友谊的美好与珍贵，学会理解与付出。

4. 在学校中不善于和同学合作，也不愿意帮助他人

举些真实的例子，让孩子看到不能融入团队的弊端，以及团队合作所带来的益处。

5. 在学习上总爱偷懒耍滑

不要一味地指责孩子，而要针对他们的表现，说出你的担忧，并告诉他们正确的方法。

6. 不诚实，总爱隐瞒自己的学习成绩

不能小题大做，但要明确清晰地表达出你的反感之情，并告诉孩子不诚实的危害。

PART 12

智慧勇猛、思想激进——智慧型男孩

智慧型人格是内敛型人格中的一个分类型，这类孩子性格比较内敛，善于团结周围的孩子，不怕挫折。只是有时思想过于激进，不留余地。对他们的教育核心点，就是让孩子有感恩心态，不苛责他人，要明白：成功重要，获得成功的手段更重要。

小测试：你的孩子是智慧型男孩吗？

完成下面的小测试，观察你的孩子在生活、学习和与人交往时是否经常存在以下行为表现，是的请在前面的□里打√。

□ 1　做事时重视结果，不重视是否符合道德规范。

□ 2　在学习上喜欢和别人竞争，一旦失败，需要父母帮助他们调节不良情绪。

□ 3　和别人说话时表情变化不多，说出的话虽不多，但比较有分量。

□ 4　总爱对别人说："发动智慧，我们可以做得更好！"

□ 5　着装时不注重样式，但很注重面料及品牌，体现出一种大气、高贵感。

□ 6　学习或做事情时，能全情投入，为了成功，舍得付出一切。

□ 7　很善于发动同学和朋友一起去做事。

□ 8　做事时相信活在当下的理念，注重结果而不注重过程。

□ 9　学习或做事时，不爱依赖他人，喜欢靠自己的勇气和智谋取得胜利。

□ 10　做事勇敢坚韧、能屈能伸，为了成功可以忍受其他孩子难以忍受的痛苦。

如果"√"达到5个或以上，则说明你的孩子有智慧勇猛的性格因素。如果"√"没有达到5个，那么你可以跳过这一章。如果有些答案是肯定的，那么本章就值得你继续读下去，并尝试其中的建议与方法。

你的孩子思想激进吗

智慧型人格男孩智勇双全，有着一流的自我管理及约束能力，在同学和朋友中，总是能表现出自己的领导才华及协调能力。

但如果家长、老师引导得不好，他们也容易变成冷漠的、难以沟通的孩子，还容易因为权力欲过强，与周围的同学朋友进行激烈的暗斗。

智慧型男孩生活中的小问题：

●对家人朋友不关心体贴，缺少温情

●情绪失落时不愿意和家人朋友交流，心情忧郁烦躁

●做事在意一时的成败，不考虑长远意义

智慧型男孩学习中的小问题：

●总爱用打擦边球的方式挑战学校的管理制度

●学习成绩不佳时，内心会产生抑郁焦虑情绪，考试时经常不能正常发挥

●与老师产生误会后，不易消除，不爱上这个老师的课

1．利益至上的原则

中国有句古语这样形容一些夫妻的关系：夫妻本是同林鸟，大难临头各自飞。用这句话来形容智慧型人格男孩的人际关系，也是十分恰当的。无论是在学习中还是在生活中，智慧型人格男孩与他人的合作永远是短期的相互利用的关系，无法保持长久，更无法建立较深的感情。

他们更在意的，是一时的成败得失。

志博很小的时候，特别愿意到我的学生用品店来找我儿子周超玩。他不像周超那样，天天只顾着疯玩。到了我的店里，他总是爱待在我身边，看我和客人如何砍价或谈合作。有时还为我递个东西或帮我照看一下货物，成了我的一个好帮手。为此，我经常赠给他一些学习用品。

上小学五年级的时候，志博就有了经营意识，班里许多同学都被他介绍到店里买东西，有几个家长还在我店里进行了团购。每个同学来店里，志博总是煞有介事地对我说："冯姨，这是我最好的朋友，你一定要给他打折哟。"

后来上了初中，志博考到了一个寄宿中学，离家比较远。此后，他就很少来找周超玩了，每每在小区里见到我时，态度也不那么亲热了，让我心里很是不舒服。我想：以前这些日子，难道这孩子是为了得好处，才和我们走得那么近吗？

——13 岁男孩志博的邻居

在这个案例中，为了得到利益和好处，智慧型人格男孩志博用了不少心思，也充分表现出了他的智慧。但因为他对自己追求的利益和好处看得过重，所以在与邻居一家人的交往中，根本没有跟他们产生真正的友情。一个十几岁的孩子，做事如此功利，难怪邻居会如此伤心。

智慧型人格男孩总有一种不良心态：人与人之间的关系——竞争多于合作，邪恶多于善良；成者王，败者寇。

2. 做事从不留余地

内敛型的三种人格都不善于与他人沟通，所以在为人处事时，他们都不善于深度沟通。在这三种类型中，智慧型人格在这方面表现得最突出。很多时候，如果在与他人交往的过程中出现矛盾，他们往往容易出现"冷暴力"倾向：暗中使绊，或者过河拆桥。

在我们小区的北侧，原来有一块空地，大院里的孩子经常去那里玩。荣光也是这群孩子中的一员，总在那块空地上踢足球。后来，小区的车多了，邻居张阿姨和周阿姨家的车没地方停，只得停在那片空地边上。

因为怕这群孩子踢球时，打碎了他们的车玻璃，张阿姨和周阿姨家就劝他们以后不要在那踢足球了，可以玩羽毛球之类的项目。本来，车停在他们玩的地方，荣光和这群孩子就不高兴，见她们又提出了过分的要求，都很气愤，和她们二人吵嚷了半天。

大家都以为这是小矛盾，不会再出什么事。可到了第二天，张阿姨和周阿姨发现，自家的车被划了好几个大口子，而且车胎也被放了气。她们后来只好花钱把车停到附近的停车场，再也不敢把车停到小区了。

后来，有个孩子说漏了嘴，原来这次汽车“毁容”的事件是荣光一手策划的，并且是他带着两个孩子实施的。我们都没想到，一个11岁的孩子，竟然如此“心狠手辣”。

——11岁男孩荣光的邻居

从这个案例中我们可以看出，在与他人发生矛盾时，智慧型人格男孩很善于“组团反抗”。在这个过程中，他们一味地想取得胜利，报复对方，却很少设身处地为对方着想。所以无论是态度还是行为，都很容易做得过火，事情往往被他们弄得不可收拾。

智慧型人格男孩很容易形成这样一种人生观：在弱肉强食的社会中，适者生存，所以出手一定稳、准、狠。长大后，有时为变成胜利者，他们甚至不惜一切代价。

“智慧型”男孩的智慧勇猛

智慧型人格男孩从小特别有主见，虽然不善表达，但周围的人能一眼看出他们心中的自信与勇敢。

在学习生活中，他们十分注重与他人的关系，而且在做事时善于发挥团队的力量。所以，他们极容易获得让其他小伙伴们羡慕的成功。

1．天生的军事指挥家

在生活和学习上，智慧型人格男孩并没有表现出多大的激情，可一旦开始做某件事，内心便会特别强大：他们全身心投入进去，而且不怕任何干扰和打击。

在做事的过程中，他们善于团结周围所有的人，一起向目标迈进。同时，从头至尾，他们都会表现出一种令人震惊的坚定。无论受到多大的打击，都能很快调整好心态，从头再来，有一种永不言败的精神。

徐扬从小就爱打篮球，他上场后总是表现得很勇敢、智慧，看他打球我觉得是一种享受。

他不爱说话，所以，在很多时候，通过打篮球，徐扬表达出了他内心的许多美好想法，比如激情、梦想等。

上初一时，因为我工作调动的关系，徐扬转到了一所新的中学。在那个学校里也有校篮球队，可打得并不怎么样，比赛成绩平平。徐扬转过去后，没几天就成了篮球队的核心。

没过多久，市里要举办中学生篮球赛。我也不知道徐扬用了什么魔法，把那些男孩子鼓动得跟打了鸡血似的，他们天天练到深更半夜，吵嚷着比赛要夺冠军。

比赛那天，我也去看了。那天，徐扬表现得特别完美，他不像在比赛，更像在表演，把他内心所有的光彩都展示了出来。

在他的带领下，他们学校果然得了冠军。那一刻，我真为自己生了这样一个勇敢智慧的儿子而骄傲。

——13男孩徐扬的父亲

在这个案例中，智慧型人格男孩徐扬能在短时间内创造奇迹，最重要的原因是他善于组织团队。他有一种天赋：能迅速找到同路人，鼓动他们发挥出自身的特长，大家取长补短，共同为一个清晰的目标而奋斗。

虽然智慧型人格男孩性格较内向，不会像神勇型人格男孩那样长久保持激情，带领大家一起奋斗，但他们善于思考、谋划的天性弥补了这一弱点。另外，他们做事时比较懂得一张一弛的道理，所以在耐力和抗压能力上，要远远胜过神勇型人格男孩。

2. 永不言败

对于孩子来说，在遇到失败的时候大都很难快速振作起来。可智慧型人格男孩却能做到这一点。遇到失败后，他们不会四处抱怨，或者找人、找事来发泄一通。他们会很平静地接受失败，然后静下心找对策、想办法。想出对策后，他们就会严格按计划来执行，很少懈怠偷懒。

更难得的是，他们不会一个人单打独斗，而是发动周围一切可以发动的力量，抱团行动，直至取得成功。

去年，峥嵘的左腿被一辆汽车撞得骨折了，出院后，他不得不在家养了大半年。开学后，峥嵘的身体变得很瘦弱，学习也跟不上了，让我和他妈妈忧心不已。

峥嵘却一点也不在意，他自信满满地对我们说："没什么关系的，我的成绩很快就能上去！"

峥嵘找到两个同学——大山和胖子，开始和他们做"交易"：峥嵘给大山做航模，大山帮他补习功课。胖子的任务是每天放学后陪峥嵘打一小时羽毛球，然后帮峥嵘按摩，让他快速恢复体能，报酬就是帮胖子说服他父母，给胖子买一个新的苹果手机。

就这样，这三个孩子每天都坚持进行补习和锻炼。没过几个月，结局皆大欢喜，三个孩子都得到了自己想要的东西。

——10岁男孩峥嵘的父亲

从这个案例中我们可以看出，智慧型人格男孩在做事时之所以能永不言败，重要的原因在于他们会充分利用眼前的各种有利条件。

另一方面，在做事前，他们能充分理解自己所做事情的核心要点是什么。这样在行动的时候就能做到目标准确、不走弯路。在劝说他人加入自己联盟的时候，他们也很有谋略，能用十分充分的理由说动对方。让他们心甘情愿地和自己组成团队，为了共同的利益而默契地合作。

培养方法：成功重要，获得成功的手段更重要

让孩子学会爱与被爱——这是对智慧型人格男孩教育的核心点。

这个爱不是简单的形式上的内容，而是要真正的付出和给予。有的时候，还需做必要的让步和牺牲。

当然，一提到爱和被爱，许多家长都有些担心，觉得这样培养会不会让孩子变得婆婆妈妈的，缺乏阳刚之气。这种担心是没必要的，因为懂得了爱与被爱，会让他们内心充满动力，会变得更坚强，不易陷入“冷暴力”的怪圈当中。

1. 教育口诀一：让孩子学会爱

在动画片《美女与野兽》中，在野兽身上，几乎囊括了智慧型人格男孩所有的负面性格：阴郁、冷漠、自负。而贝尔却在短时间内改变了他的坏毛病，把智慧型人格男孩的所有优点全部激发出来，野兽变成了智慧、勇敢、谦和的小王子。

在该片中，贝尔感化、教育野兽的方法，是十分值得智慧型人格男孩的家长借鉴的。

野兽本来是一个聪明智慧的王子，因为自私冷漠，变成了阴郁可怕的野兽。野兽在贝尔的指导下，开始看书、跳舞、听音乐，不断地陶冶性情、控制脾气，温柔地对待身边的人。慢慢的，他发现，原来自己也可以做到温柔

和气，原来粗暴并不是天生的。

在现实生活中，智慧型人格男孩的父母，一定要让孩子明白：一个人如果心机过多又没有同情心，他的外表和内心都会慢慢变丑，因为自私冷漠本身就是世界上最可怕的魔法。

要改变这种不良心态，首先就要学会爱。这个爱不只是爱情，还有亲情、友情。

但在很多时候，爱和成功是有矛盾的。就像动画片中的情节那样，贝尔的父亲生病了，野兽身边的人一心希望贝尔能留在野兽身边，因为他们发现她已不知不觉爱上野兽。可此时，野兽还是让贝尔离开了城堡——因为，所有的爱，不管是亲情、友情还是爱情，其核心点都是奉献和舍弃。

对于特别容易滋生功利主义思想的智慧型人格男孩来说，这一点是他们最难体会和领悟的，父母一定要耐心地引导和帮助他们。

我是10年前从老家来上海打工的，一直在一家小的销售公司做业务员。5年前，我把正君接到了上海，进了一个特别好的小学——虽然我的收入不高，但对他的投入还是比较舍得的。

尽管这样，和同班同学比起来，我们家的条件算是十分差的了。起初的时候，他虽在意，但并没有表现出来。可现在，正君上了初中，对社会上的许多事都已明白了几分，对我就越来越不满意了。

有一次，我去拜访一个客户，因为天太热，坐公交车时间太长，我竟然晕倒在公交车上。回到家后，我嫌屋里热，便坐在小区院子的长椅上喘粗气。爱人和正君回来时，恰好在小区遇到了我，见我身上弄得脏兮兮的，脸色又纸一样惨白，都吓了一跳。

进了屋，爱人责怪我说：“病得这么厉害也不去医院，大热天的坐在院子里，万一出事可怎么办！”

我说：“吃点药就好了，去一次医院动不动就花上千元，正君这边还等着用钱呢，得节省。”

爱人说：“他不就是想买名牌衣服嘛，你总是惯着他乱花钱。”

我说：“我不想让他觉得自己和别人不一样，否则他心里会有压力的。咱们苦点就苦点吧。”

这时正君走进我们的房间，给我倒了杯水，从他脸上的神情就可以看出来，他听到了我们的谈话。

自那以后，正君一下子变得乖了许多，开始关心我和他妈妈了，也不再和同学攀比乱花钱了。

——13岁男孩正君的父亲

在这个案例中，因为一次偶然事件，智慧型人格男孩正君被爸爸的付出而感动，从而改变了自私的坏毛病。但在现实生活中，这样的偶然事件是不多见的，在许多的时候，还是要靠父母有意识地引导教育。

因为为人处事过于理性，又善于分析推理，要想让智慧型人格男孩学会感动，还是需要许多技巧的。其中最重要的一点是，要把自己对孩子的关爱表达出来，让他们慢慢理解、体会。当然这种表达不是说空洞的词语，而是像案例中正君父亲那样，形象地表述自己内心的感受。

2. 教育口诀二：帮孩子做好心理减压工作

因为过于在乎做事的结果，智慧型人格男孩在学习和生活中，总是很难放松下来。时间一长，他们就容易变得神经紧张，心理压力会越来越大。

此外，家长一定要了解智慧型人格男孩的心理特征：在遇到挫折时，虽然他们表面保持冷静的姿态，但内心容易出现喜怒无常、纠结郁闷的情绪，到了青春期时，这种心理特征会更加明显。对此，父母应对其情绪做必要的疏导工作，让其保持放松、淡定的心境。

有一年，义明的宠物忽然丢了，为此义明特别伤心。之后，他在微博中写了这样一段话："汪汪离开了我，我觉得它把一切的快乐都带走了，剩下我一个人，该如何面对枯燥乏味的生活呢！"

我看了孩子的微博，心里不禁一颤——看来，这件事情对他的打击太大了。第二天是星期天，我和义明一起锻炼的时候，用不经意的方式和他聊起了这件事，想对他进行一番雁过无痕式的疏导工作。

我说："其实，你知道吗？妈妈虽然嘴上经常嫌汪汪脏，总爱在沙发上小便，可她在心里比你还喜欢汪汪呢。"

义明说："可她每次给汪汪洗澡时都骂个不停，嫌它脏。"

我说："实际上，你想想，照顾汪汪的活大多数都是妈妈做的，你自己做的并不多。可汪汪死后，你妈妈就比你想得开，她这几天几乎把北京所有的宠物店都逛遍了，说要买一条跟汪汪一模一样的狗。"

义明很难过地说："你知道的，我是多么喜欢汪汪，无论多好看的狗也替代不了它在我心中的位置。"

我安慰他说："爸爸理解你现在的心情。可是，世上的事不能永远合你的心意，总会有许多的打击和不如意。你要学会自己宽慰自己。"

义明说："可我忘不了它呀，汪汪实在太可爱了！"

我说："只要你努力，就能忘的……"

跑步回来后，义明的情绪好了许多。

——10岁男孩义明的父亲

从这个案例中我们可以看出，在对智慧型人格男孩进行教育引导时，有些话，如果孩子不爱说，就不要强迫他们说，父母点到为止就可以了。重要的是把产生问题或压力的原因分析透彻，不让孩子往偏激的方向理解即可。

同时，为了让智慧型人格男孩保持放松的状态，家长要限制他们玩一些过于刺激的游戏，比如街舞或情节紧张的电脑游戏、电玩等。要通过一些舒缓的文体活动，来缓解他们紧张的神经。

3. 教育口诀三：学会不苛责他人

智慧型人格男孩在做事时，经常对周围的人提出过于苛刻的要求。如果周围的人没有达到他们的要求，他们就很容易苛责对方，有时甚至发动周围的朋友，采取过激的报复手段。他们的理由很简单：如果对方和我想的不一样，就证明对方的态度有问题，甚至是故意向他们“找碴”。

所以，在对智慧型人格男孩进行引导时，家长老师一定要让他们学会理解周围的人，能站在对方的角度考虑问题。这样，在总结原因的时候，他们就不会对自己或他人过于苛责，也就容易保持比较宽容的心态了。

子琦去年期末考试时迟到了，因为他爸爸在送他时，不小心撞了车，所以耽误了时间。孩子到学校时，班里已开考20分钟了。结果子琦的考试成绩特别糟糕。为此，他一连三天都不和爸爸说话，心情特别郁闷。

我劝他说：“撞车的事是经常有的。你想，咱们的城市突然增加了上百万辆车，整天堵得水泄不通的，大家心里都急躁，自然容易出事故。你不要再埋怨你爸爸了，他本来就已经很上火了！”

子琦依然很郁闷地说：“可我这次的考试成绩太糟糕了，我从来没考过这么低的分，真是让人笑掉大牙了！”

我说：“一个人做事，不可能永远那么顺利，偶尔不顺利不要太在意。其实，如果你对知识掌握得特别熟练，心理素质又好。那么无论在任何情况下，都不会发挥失常的。这样才是一个真正出类拔萃的好学生！这次也是一个很好的经验教训！”

子琦的态度温和了些，他说：“那你认为爸爸一点错也没有吗？”

我说：“爸爸只是有点小疏忽，可你不能心里觉得父母有错，就无休止地指责。这是不孝顺、不理解父母的表现！”

子琦听进去了我的话，很快就跟爸爸和好了。

——12岁男孩子琦的母亲

在这个案例中，子琦的妈妈之所以能劝说奏效，最主要的原因是她能让孩子站在爸爸的角度想问题，而不是一味地强调孩子的委屈和损失。这样，孩子的视角打开了，也就把事情想开了。

有许多父母总有这种一种想法，身教胜于言教。他们觉得，孩子会被自己默默的付出而感动，从而主动改变自己自私、不理解他人的坏毛病。身教的方式的确有一定效果，但要想强化这种正向引导的效果，许多时候还是要靠父母有意去教育引导，帮孩子捅破“窗户纸”。

实战演练

智慧型男孩在生活和学习中有很多特殊的表现，家长教育时偶尔会陷入误区。下面举几个小例子，说明我们提倡的应对方法。你不妨试一试，看看结果与以往有什么不同。

1. 对家人朋友不关心体贴，缺少温情

要经常和孩子很正式地谈心，说出你的想法和建议。同时，父母要求孩子做到的，父母自己首先要做到。

比如，孩子和表弟发生了冲突，始终耿耿于怀，总想找机会报复。此时，如果父母发现孩子的这种心理倾向，就要进行如下的引导：

家长：“亮亮好长时间不来咱们家玩了，你们怎么还没和好？”

孩子：“他太坏了，我怎么能跟他和好？我还要找机会收拾他呢，让他好好改改自己的臭毛病！”

家长：“亮亮比你小两岁，有时候不懂事，也是正常的。看在舅舅的面子上，你也要原谅他才是。”

孩子："不给他点教训，他会越来越嚣张的！"

家长："上次亮亮和你打架的事，舅舅已批评了他，亮亮也认错了，你不能总这样不依不饶的，显得太没男子汉气概了。亮亮的教育问题，主要还是要靠舅舅、舅妈和老师。作为表哥，你只能建议一下，不能干涉太多，更不能打他。你想想，你还是个小孩子呢，有些问题也想不清楚，怎么能去教育别人呢？"

孩子："行，我不管他。但我从今往后也绝不会理他！"

家长："你们俩是从小一起玩大的，亮亮有了好吃的、好玩的，总是想着你，对你可是一直都很好的。咱们也应该学会谅解、宽容别人，不能太计较。"

孩子："那好吧……"

2. 情绪失落时不愿意和家人朋友有交流，心情忧郁烦躁

要经常向孩子表明家人对他的关心，多陪孩子玩。同时要让他们多参加"温和"的集体性文体活动，缓解紧张的神经。

3. 做事在意一时的成败，不考虑长远意义

联系实例（他们熟悉的人或朋友发生的事），讲清他们的所作所为的危害，让他们明白顾及长远利益的重要性。

4. 总爱用打擦边球的方式挑战学校的管理制度

严格管理，不要迁就孩子，以免酿成大错。但也不要将事情扩大化，保护孩子的自尊心。

5. 学习成绩不佳时，内心会产生抑郁焦虑情绪，考试时经常不能正常发挥

帮孩子找到学习成绩下降的真实原因，如果与他们的学习态度无关，就

不要苛责他们，给他们留一段自我调整的时间，帮他们缓解压力。

6. 与老师产生误会后，不易消除，不爱上这个老师的课

如果是孩子的问题，就要耐心地做孩子的思想工作；如果孩子没有错，就不要批评孩子，要向老师问清情况，找到解决办法。

PART 13

足智多谋、心机过重——韬略型男孩

韬略型人格是内敛型人格中的一个分类型，他们性格特别内敛，做事时足智多谋，有超常的预见性。只是有时容易心机过重，遇事总往坏处想。对他们的教育核心点，就是引导孩子理性看待他人及社会的阴暗面，不能过于多思多虑，要明白：学会放下，才能活得快乐。

小测试：你的孩子是韬略型男孩吗？

完成下面的小测试，观察你的孩子在生活、学习和与人交往时是否经常存在以下行为表现，是的请在前面的□里打√。

□ 1　他很少直接表达自己心里的感受，总是通过一些策略巧妙表达。

□ 2　喜欢独立思考，在学习上总是能想出许多适用的应对策略。

□ 3　和别人说话时，眼神很犀利。

□ 4　总爱说："这事得好好想想对策！"

□ 5　喜欢简洁的暗色服装，对打扮不太在行，也不热衷。

□ 6　做事时，无论与对方是否熟悉，都会表现得很理智。

□ 7　做事时，总是有很好的预测能力。

□ 8　遇到棘手的事情时总是很冷静，善于分析谋划。

□ 9　遇到很小的危险时，自我防护能力也特别强。

□ 10　做事善于谋划，周围的人都觉得他是个很"神"的孩子。

如果"√"达到5个或以上，则说明你的孩子有足智多谋的性格因素。如果"√"没有达到5个，那么你可以跳过这一章。如果有些答案是肯定的，那么本章就值得你继续读下去，并尝试其中的建议与方法。

你的孩子心机过重吗

在同学和伙伴中间，韬略型人格男孩的地位十分高，因为他能利用自己的才能，找到解决问题的最佳方案，使人和事向着预期的方向发展。

但如果家长和老师引导得不好，他们就容易把智谋演化成“阴谋”，变得敏感多疑，亲和力极差，在人际交往中容易成为不受欢迎的人。

韬略型男孩生活中的小问题：

- 心事重，经常闷闷不乐
- 把成绩、荣誉看得过重，不重视与家人朋友的关系，爱利用他们达到自己的目的
- 遇事爱“表演”，看不透其真实想法

韬略型男孩学习中的小问题：

- 爱拉帮结派，不能真正融入班集体中
- 出馊主意“整治”不喜欢的老师，让老师难堪
- 对自己不明白的问题，不愿意向老师同学请教

1．对家人和朋友敏感多疑

因为性格内向，做事之前常常思考得过多，所以韬略型人格男孩总是对他人持怀疑态度。有时还因过于敏感而胡乱猜疑，把简单的事情复杂化。

如果父母和老师引导得不好，他们在与他人的竞争当中，就很难保持平和心态，很容易出下策报复对方，导致出现出手过重或防卫过当的情况。

秋枫是我妹妹家的宝贝，和我儿子雷雷同岁。秋枫比较内向，心又很细，雷雷则是个大大咧咧的孩子，说话做事从不会拐弯，所以两个人经常发生矛盾。

有一年过年时，我妈分别给两个孩子买了两个玩具，给秋枫的是一个电动汽车，给雷雷的是一个电动火车，雷雷的玩具要比秋枫的贵一些。有一次，秋枫去玩具店的时候，看到了这两个玩具的价格，心里十分不高兴。

没过多久，秋枫的电动汽车不知怎么突然就坏了，而雷雷的小火车却一直好好的。秋枫心里更不高兴了，固执地认为姥姥偏向弟弟，给自己买了次品，自己被歧视和欺骗了，于是好长时间不理姥姥。为此，我妈气得差点犯了心脏病。

以后再给两个孩子买礼物时，我妈就全给他们买一样的。

——9岁男孩秋枫的大姨

这虽然是一个很小的生活细节，我们却从中清晰地看到韬略型人格男孩的人格弱点。由于韬略型人格男孩过于相信理性的分析和判断，如果父母和老师引导得不好，他们在生活中很容易变得薄情寡义。

同时，如果疑心太重，韬略型人格男孩的心理压力会加大，很容易变得不合群，影响他们才智的发挥。

2. 遇事爱往坏处想

遇事爱思考本来是一件好事，但如果父母和老师引导得不好，韬略型人格男孩这种爱思考的习惯，就容易演变成“思虑过多”。而且在思考、分析、谋划的过程中，他们总是对人与事的阴暗面想得过多，阳光面想得过少，有时甚至看不到阳光面。

这种心态对他们的成长是十分不利的。如果父母和老师引导不利，孩子不但会思想消极，爱报复打击他人，有时还容易出现抑郁和自闭倾向。

今年过教师节的时候，我本想给胜超的老师买一束花，可胜超坚决不同意。他说：“去年过教师节的时候，全班只有我和另五个同学买了鲜花，剩下的全是特别值钱的礼物，有毛毯、高档玩具、日本巧克力。于青云送的是他爸爸单位发的一张购物券，值好多钱呢！”

我说：“学生送老师教师节礼物，表达的就是一个心意，送太多了，反倒庸俗了，我觉得不好。”

胜超不高兴地说：“去年送了贵重礼物的同学，田老师对他们特别好，尤其是于青云。田老师对他可是发生了翻天覆地的变化，都快成了他的家庭教师了。对我们几个没送贵重礼物的学生，田老师总是爱答不理的。”

我说：“你太敏感了。于青云的事我知道。于青云家和田老师家去年搬到了一个小区，做了邻居，两家的关系越处越好。这也是正常的事，和送礼没什么关系。”

可是，无论我怎么劝，胜超都听不进去，和我闹个不停。最后无奈，我只得按照他的意思，给老师买了一条很贵重的毛毯。

——12岁男孩胜超的母亲

许多家长都会以为，在这个案例中，韬略型人格男孩胜超表现出的是一种成人的世故。胜超身上的确有这个因素，但他之所以非要妈妈重金“贿赂”老师，更主要的原因在于他疑心重。

社会的灰暗面是家长挡不住的，孩子们总会有意无意地碰到。对于其他人格的孩子来说，家长只要简单解释一下，他们大都不会有什么忧虑和担心。可韬略型人格男孩却不同，尽管父母对他们进行了特别深入的剖析，他们仍然会顾虑重重，且很容易往歪处想。

对于韬略型人格男孩来说，如果想不清的阴暗事情遇到得太多，他们的内心就会变得越来越纠结，情绪会大受影响。因而越来越郁郁寡欢，越来越难以接触。

“韬略型”男孩的足智多谋

韬略型人格男孩做事足智多谋、从容不迫，可以应对复杂、多变的环境，完成比较艰难的工作，从小就有战略家的胆识和胸襟。正因如此，所以他们做事时成功概率极高，常常“不鸣则已，一鸣惊人”。

1．超乎寻常的预见性

在我国的传统文化中，对于能未卜先知的人是极为推崇的，比如诸葛亮、孙子、鬼谷子等。但要想成为这样的人是极不容易的。因为谋略要有大智慧和前瞻性，需要一个人有独特的发明创造力、敏锐的洞察力，是一个人综合能力的体现——韬略型人格男孩就拥有这种综合能力。

周宏9岁那年，我和丈夫在婚姻上发生了危机。闹了一段时间后便分居了，我搬回了娘家。当时我已做好了和丈夫离婚的准备。

周宏和所有的孩子一样，特别不希望我们离婚。但他没有像一般孩子那样，用吵闹或哭泣的方式表达自己的想法。从知道这件事起，他就特别冷静，很淡然地对我说：“我一点都不担心，在一个月内，你们肯定会和好的。”

我以为周宏是在说着玩，就说：“怎么可能？”

周宏说：“从两个小细节中就可以判断出来。第一，昨天晚上，爸爸做的烧茄子特别难吃，我对他说，我真想吃妈妈做的菜。爸爸说，‘是呀，你妈妈做菜的确特别认真仔细，所以做得比我好’。第二，前天，你在我姥姥家的小区散步时，一只没有主人看管的大狗突然蹿出来，你吓得脸都白了。我对你说，原来在家的时候，咱们小区有好多没人管的大狗，也没见你害怕呀？你说，‘原来不是有你爸爸嘛，现在我可是一个人过’。”

没过多久，果然像周宏分析的那样，我和丈夫破镜重圆，重新开始了快乐的日子。

——10岁男孩周宏的母亲

周宏在遇到事情时，之所以总能表现出一种超常的预见性，是因为他们每天绝大部分的时间都用来进行思考。许多事情，只有考虑到有 120% 把握的时候，他们才会出手。

所以这类孩子做事时，像有特异功能一样，总能“未卜先知”。

2. 从小就是发明家

韬略型人格男孩在做人做事时，总是能很好地克制自己的主观冲动，从不会因为头脑发热而贸然行事。正因为有这份理智和淡定，所以，他们能静下心进行许多发明创造：既有一些实物性的小工具，也有学习中的小窍门，同时还有班组管理、小圈子人员的协调配合等。

正因如此，在同学和伙伴中间，许多内敛型人格男孩是军师和智囊，地位十分高。

去年，我们学校和区里的另一个小学合并，六年级的学生一下由原来的30人扩大为60人。因为忽然换了环境,从另一个学校转来的孩子特别不适应，无论学习成绩还是组织纪律都出现了大问题，弄得我焦头烂额，一筹莫展。

闻扬是班里的学习委员，见班级管理出现了问题，他便积极帮我想办法。闻扬说：“我爸爸的工厂对每个员工都进行绩效考核，按考核分数发放工资和奖金。所以他们工厂虽然人特别多，但管理得特别好，一点都不乱。我觉得咱们班里也要实施积分管理的办法，这样才能有秩序。”

没过几天，闻扬就给我拿出了他制定的“星级积分”管理制度。这个管理办法设置得特别巧妙，能粗线条地从侧面反映学生的思想品质。对学生的管理、监督包括以下四个基本要素：五个“星级积分”、五个“综合格次”、五个“星级标志”、两个转向及三个“警示标志”，每个基本要素都有详细的分类和考核办法。具体操作模式见下表：

星级积分	1分	2分	3分	4分	5分
综合格次	急待转化	转化	合格	良好	优秀
星级标志	★	★★	★★★	★★★★	★★★★★
警示转向	红牌	←	黄牌	←	绿牌

通过这个星级管理办法，可以对学生进行分类管理，星级高的学生也可以协助老师帮助星级低的同学。这样我就可以腾出时间，有针对性地辅导那些一星级的、急待转化的学生了。

我把闻扬的星级管理办法修改润色了一下，拿给学校的校务主任看，他们十分认可这个管理办法，并鼓励我在班级进行试验。

我把考核表发了下去，坚持一日一曝光、一周一回头、一月一评价、一期一总结，对考核中的“转化”或“急待转化”学生进行反思评价。为他们制定切实可行的个人发展规划，让他们能够及时转化。

这样，不到两个月，班级的管理就变得井井有条了，学生的成绩也一下提升上来。

——12岁男孩闻扬的老师

在这个案例中，韬略型人格男孩闻扬的表现让人惊异。在困难面前，他不但冷静，而且特别善于发明创造，用自己独特的方式帮老师管理好了班级的秩序。

韬略型人格男孩之所以能有如此超强的创造力，与他们沉静、善于思考的人格特点是有很大关系的。他们在思考问题时，会考虑很多细节，并找出恰如其分的应对方略。所以一切都在他们的掌控范围之内，按部就班地向着预想的结果发展。

培养方法：学会放下，才能活得快乐

一般来说，儿童的天性大都是比较自然随性的。在这方面，激情型和才华型的孩子做得就比较好，中庸型的略差些，最差的是内敛型的，内敛型人格中最差的就是韬略型人格男孩。

因为内向、敏感，又无时无刻不在思索谋略，所以，在很多时候，韬略型人格男孩的内心很不放松。有了挫折或打击后，表现得更为明显。

韬略型人格男孩的父母和老师，在天性解放的教育上要多下工夫，让孩子温和、合群、率真。这样，才能使他们的才智得到完美的发挥。

1. 教育口诀一：让孩子理性看待社会的阴暗面

一个微不足道的小老鼠，却和所有的韬略型人格男孩一样相信自己的谋略与能力——他怀揣梦想，想成为法国五星级饭店厨房的掌勺。

这个小老鼠名字叫雷米，是美国动画片《美食总动员》中的主人公。

小老鼠雷米通过偷看人类的书籍和电视节目，学会了法国料理。于是他梦想自己能成为一个优秀的厨师，可他的父母和亲朋都强烈反对，因为他们觉得，这简直是送死。

雷米也曾退缩过，但最后，他看到了法国名厨奥古斯汀·古斯特的话：“人人都能当厨师，不是所有人都能成为伟大的艺术家，但伟大的艺术家可能来自任何地方。”雷米深受鼓舞，通过自己的谋略，找到了一个绝佳的好方法——和倒霉的厨房学徒林奎尼合作，在幕后操纵林奎尼烹调。

结果，他们竟然共同获得了成功——林奎尼在雷米的帮助下，成为整个法国餐饮业的“天才厨师”，而雷米最后也有了一个属于自己的“老鼠餐厅”。

在该片中，描写了一系列让人触目惊心的社会偏见：

雷米只因为“出身”问题便无法成为厨师；

著名的美食专家科伯先生视美食为生命，因为对老鼠做的东西做了一次公正的评价，待“老鼠事件”被揭露出来后，他的信誉和名声扫地，再也做不了美食评论家；

林奎尼靠雷米成名之后，也因为一时的膨胀而忘掉雷米的功劳……

但这些最终都没有阻止雷米实现梦想的步伐。

在现实生活中，因为善于理性分析，又对社会上的阴暗面比较敏感。所以，韬略型人格男孩大都比较“现实”，甚至十分悲观，心中缺少小老鼠雷米那样的正能量。所以，父母和老师要引导他们培养阳光心态，对人与事的阴暗面不能想得过多，要多发现阳光向上的一面。

此外，当孩子想不清的阴暗事情太多时，父母要及时进行心理干预，以免孩子出现思想消极和抑郁倾向。

志文小的时候是个很闷很宅的孩子，但他学习成绩很好，做事又特别有韬略，所以班里有好多男孩都是他的粉丝。可也有一帮孩子特别不喜欢志文，整天挑他的毛病，到老师那告状。

有一年，志文被评上了学校的三好学生。对此，那帮孩子特别不服气，觉得他不愿意帮助同学，在学习上也有两个致命伤：英语口语和朗读能力一塌糊涂。为此，他们还一起给学校写了告状信。

为此，志文特别郁闷，气得大病了一场。

我劝他说：“每个人都不是完美的。大家说出了你的弱点，不代表你不优秀。毕竟三好学生评的只是‘三好’，不是完美。”

志文说：“我一直很努力，不过，在英语口语和朗读上，我的进步一直不太大。现在，我上课时都不敢念课文、说英语了，我一出声，那些同学就嘲笑我。我担心明年就得不到三好学生了。”

我说：“你不要总想着那些反对你的同学，而要多想着支持你的那些粉丝。你只要肯努力，就一定会有进步。你的粉丝看到你在努力，哪怕有一点点进步，都会更喜欢你。而那些反对你的同学也会慢慢被你征服的。”

志文忧心忡忡地说：“那万一我努力了，这方面依然一点进步也没有，该怎么办呢？”

我说：“这种现象也会有。但你不要过于在意，因为世界上的事没有十全十美的，一些小的瑕疵并不会影响大家对你的整体看法……比如三毛小的时候得了自闭症，修学在家，到了十八九岁才出国继续学习，可这个弱点并没有影响她，她后来成了知名的作家和教授……”

这次谈话后，志文的精神状态慢慢好了起来，也越来越自信了。

——12岁男孩志文的父亲

在这个案例中，志文的爸爸在劝说孩子时，虽然用的是正面引导的方式，但也没有刻意回避事物的阴暗面，只是不过分说明而已。他巧妙地向孩子传达了这样一个观点：有阳光的地方就会有阴影，不要强求完美。这种做法是十分合理的。

社会的阴暗面是家长挡不住的，孩子们总会有意无意地碰到。对于激情型、才华型这类比较外向的男孩来说，家长只要简单解释一下，他们大都就不会有什么太多的忧虑和担心了。可对于韬略型人格男孩来说，这样做就比较欠妥，父母必须把面临的阴暗面讲清楚，同时要进行特别深入的剖析，然后自然地引出事物的阳光面。不然，他们就很容易往歪处想。

2. 教育口诀二：引导孩子与伙伴和谐相处

韬略型人格男孩有着很好的洞察力，在与人交往时，总是特别的理性，总爱有很强的竞争和戒备心态。所以他们很难动感情，和周围的小伙伴建立起较深厚的友谊。

父母在对韬略型人格男孩进行教育的时候，最重要的是让他们放松对周围伙伴的戒备，多看到对方的优点和长处，淡化或忽视对方的弱点。怀着友好和真诚的态度和他们交往，使友谊日渐深厚。

小的时候，不知为什么，我特别不爱说话。上课时，我从来不举手，老师提问，我也很少回答。下课时，我只是默默地跟大家一起玩，很少交流。

父亲对我的性格十分发愁，所以，在上五年级的时候，就把我送到了寄宿学校。希望我能和大家多交流，变得合群些。

到了寄宿学校，我才知道，父母不在身边，我必须经常请求周围的人帮忙：因为班主任老师、生活老师不可能照顾到身边的每个人，更不可能像父母那样，跟孩子之间充满默契。如果我不对他们强烈要求，就会被自然忽略。要想得到自己想要的东西，就不得不多说话、多沟通，跟老师与同学斗智斗勇。

没多久，我被逼得开始爱说话了，和同学们打成一片，和谐相处。

——上海 ×× 大学学生韩非

孩子不合群，最重要的一个原因是父母保护过度。所以，对待内向的韬略型人格男孩来说，父母要及早下狠心，学会放手。

在这个案例中，韩非的爸爸采用的方法是：将孩子推向“险境”，逼迫他提升自己的人际协调能力，效果显著。家长们要注意的是：这种方式虽然较有效果，但尽量别像韩非的爸爸这样，没有任何过渡，突然采用。因为如果引导得不好，也可能会使孩子更加自闭。

通常的做法是在生活中的点滴小事中培养，先从接纳兄弟姐妹和亲戚家的孩子开始，然后再扩展到学校及学校以外的孩子。

3. 教育口诀三：不要总是多思多虑

韬略型人格男孩有超强的谋划能力，所以很坚信自己的直觉和经验。这本是孩子的一大优点，可如果老师和父母引导得不好，他们在做人做事时就特别容易多虑，对所有的人与事持怀疑态度。

此外，在与他人的竞争过程中，他们很难保持平和心态，容易出下策，报复对方。在报复的过程中，还容易出现出手过重或防卫过当的情况。

对此父母一定要多进行正面引导，让孩子遇事时努力做到以下两点：第一，努力把复杂的事情简单化；第二，抓住重点，不要过于理会一些细枝末节。

在上小学五年级的时候，苏宇在学校歌唱比赛中获得了二等奖。这本是件高兴的事，可拿回奖杯后，孩子不但不高兴，还整天心事重重的。他觉得，得一等奖的孩子金菲不如自己唱得好，可学校的老师却给了她高分，这其中一定有黑幕。

我当时想，不管此事是否有黑幕，做父母的都要对孩子进行正面引导，一定要把事情简单化，让孩子往好处想。我要帮他找回原来的平常心。

我劝苏宇说："你得了第二名，不意味着你唱歌的水平就比第一名差一等，只是几个评委中，喜欢金菲的声音和表演的比你多了两个人，所以她得了第一名。可如果让同学来评的话，喜欢你的人就未必比金菲少。"

苏宇说："是呀，平时演出时，同学们都喜欢我，给我的掌声比金菲热烈。"

我说："其实你也不必怪老师，也许是因为大人们在欣赏歌曲时，和小孩子有一些区别。从另一方面讲，评委老师当时也提出一些需要你提高的地方，你按照他们的要求提升一下自己，下次比赛时就能得第一名了。"

苏宇说："可金菲也有弱点，还有好几个地方抢拍子。"

我说："是的，评委老师也意识到了她的缺点，当时有的老师也点评了。所以，你要明白，唱歌是很难做到完美的，许多时候，第一名和第二名其实也没多大差别。"

这次谈话过后，苏宇很快就不再为名次的问题纠结了。

——12 岁男孩苏宇的母亲

在这个案例中，苏宇妈妈采取的劝说策略是：把所发生的事情做减法，最后只集中到一件事情上：虽然得了第二名，但不意味着孩子唱歌受欢迎的程度就比第一名差一等。有了这个结论后，孩子就不会纠缠在黑幕、抢拍子这些问题当中了，不但受到了鼓励，也明白了自己的长处和弱势，教育效果特别显著。

实战演练

韬略型男孩在生活和学习中有很多特殊的表现，家长教育时偶尔会陷入误区。下面举几个小例子，说明我们提倡的应对方法。你不妨试一试，看看结果与以往有什么不同。

1. 心事重，经常闷闷不乐

多观察孩子的一举一动，看透他们内心的真实想法，然后委婉地劝孩子说出自己的感受，让他们发泄出心中的不良情绪。

2. 把成绩荣誉看得过重，不重视与家人朋友的关系，爱利用他们达到自己的目的

不要训斥孩子无情无义或没心没肺，而是理性分析他们的所作所为，解答他们心中的疑问，然后有针对性地进行亲子教育。

3. 遇事爱“表演”，看不透其真实想法

不去猜孩子的心思，也不要旁敲侧击，直接告诉他们要真诚待人。

4. 爱拉帮结派，不能真正融入班集体中

让孩子明白集体的概念，对孩子不喜欢的人，要逐一地帮他们分析。找出这些人的优点和长处，淡化孩子对他们的反感情绪。

比如，孩子和他人在一起玩耍时，其他孩子弄坏了他的风筝。孩子因此而大发脾气，并且认为别的孩子是成心的，硬逼着对方赔偿。此时，父母就要这样进行引导：

妈妈："松松也很喜欢你的这个风筝，他是不会故意弄坏的。"

孩子："可是我看得很清楚，他是用脚故意踩坏的。"

妈妈："航模落地后，松松正往这个方向拼命地跑。他也没想到航模落地那么快，所以到了航模旁边，他就刹不住了……你试一下，在草地上，跑的过程中突然停住脚是很难的……所以，他不是故意踩坏的。"

孩子："不管是不是故意的，坏了，就得赔。"

妈妈："松松已道歉了，你就不要再揪着这件事不放了，爸爸会帮你修好的。"

孩子："可是，松松明明有错，为什么不让他赔呢？"

妈妈："大家在一起玩，发生一些意外是正常的事。你们是一个班的同学，如果你总是这么计较，以后大家就不爱和你玩了。"

5. 出馊主意"整治"不喜欢的老师，让老师难堪

要想办法让孩子了解老师的工作和生活状况，体会老师工作的辛苦。

6. 对自己不明白的问题，不愿意向老师同学请教

不要指责批评，而是让孩子体验到相互交流的收益和好处，同时要教会他们与同学、老师深度沟通的方法。